CW01333298

Illustrations : Sylviane Gangloff : pages 8 à 96 ;
Lorenzo Orlandi : pages 97 à 124.
Sylviane Gangloff collabore régulièrement à *Cheval Magazine*.
*Remerciements pour leur collaboration à M. et Mme Gauthier,
Haras de Bazemont, 78580 Bazemont.*

L'imagerie du poney et du cheval

Conception :
Émilie Beaumont

Textes :
Marie-Renée Guilloret,
Patricia Reinig, journaliste de presse équestre

Images :
Sylviane Gangloff -
Lorenzo Orlandi - Milan Illustrations Agency

FLEURUS

FLEURUS ÉDITIONS, 15-27, rue Moussorgski, 75018 PARIS
www.fleuruseditions.com

LES PONEYS, LES CHEVAUX ET LEURS COUSINS

LES PREMIERS CHEVAUX DU MONDE

L'ancêtre des chevaux avait la taille d'un renard. Il vivait sur Terre il y a cinquante millions d'années. Les dinosaures avaient déjà disparu.

① Le petit eohippus se camouflait dans la forêt. Il n'avait pas de sabots, mais des coussinets sous les doigts, comme les chats.

② Le mesohippus avait la taille d'un chien. Il vivait dans les grandes herbes de la savane.

③ Le merychippus, plus grand, repérait ses ennemis de loin. Il prenait appui sur un seul doigt.

④ L'equus, rapide et fort, est apparu il y a trois millions d'années. C'est l'ancêtre de tous les chevaux et de tous les poneys.

Patte arrière : 3 doigts. ① Patte avant : 4 doigts.

② 3 doigts à chaque patte.

③ Les deux petits doigts des côtés ne servent plus.

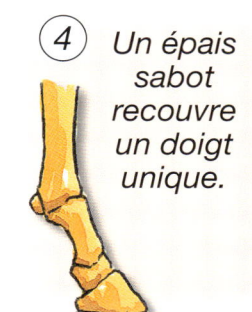

④ Un épais sabot recouvre un doigt unique.

LES DERNIERS VRAIS CHEVAUX SAUVAGES

Les hommes ont longtemps chassé les chevaux comme n'importe quel gibier. Les tarpans ont disparu. Il reste les chevaux de Przewalski.

Les koniks, ci-contre, avec leur pelage gris souris et leur raie noire sur le dos, ressemblent aux tarpans, qui étaient les derniers chevaux sauvages d'Europe. Ils se cachaient dans les forêts avec les bisons. Les fermiers les ont chassés parce qu'ils venaient se nourrir dans leurs champs.

Les chevaux de Przewalski portent le nom de l'explorateur qui les a découverts en Asie. Quelques-uns ont échappé aux chasseurs et ont vécu dans des zoos. Certains de leurs descendants ont été remis en liberté. Ils sont vifs et bagarreurs !

LES MUSTANGS ET LES BRUMBIES

Arrivés en Amérique et en Australie avec les premiers Européens, ils se sont échappés et ont formé des troupeaux sauvages.

Les mustangs vivent en Amérique du Nord. Ce groupe est formé d'un papa étalon, de trois mamans juments et de poulains.
Les petits suivent le troupeau. En cas de danger, l'étalon donne le signal et tous prennent la fuite.

AMÉRIQUE   AUSTRALIE

Cette jument et son petit sont des brumbies. Ils sont des milliers en Australie et causent beaucoup de dégâts dans les immenses fermes du pays. Il arrive que des chasseurs en abattent du haut de leurs hélicoptères.

EN LIBERTÉ PROTÉGÉE

Des troupeaux de chevaux vivent dans la nature. Les éleveurs les surveillent, limitent leur territoire et capturent les poulains pour les dresser.

Les poulains camargues naissent de couleur foncée. Ils jouent et galopent près de leurs mamans toutes blanches. Plus tard, ils deviendront blancs à leur tour. Ils brouteront sous l'eau les plantes des marais proches de la mer.

Quelques pottocks et mérens passent plusieurs mois par an dans les alpages. Ces mois de liberté en font de vrais montagnards, habiles à grimper les sentiers étroits.

① *Les pottocks peuvent avoir des robes de couleurs très différentes.*

② *Le mérens est plus grand et tout noir.*

UN BRIN DE CAUSETTE

Le cri du cheval, c'est le hennissement. Les chevaux se parlent aussi en soupirant, ronflant, grondant ou en poussant des cris aigus.

La maman hennit pour appeler son petit. Dès les premières heures de sa vie, il est capable de lui répondre de la même manière.

Ces deux-là ne se connaissent pas : ils expriment leur inquiétude en frappant le sol de leur sabot.

Ces chevaux ronflent en soufflant l'air par leurs naseaux : ils renâclent. Ils reconnaissent leur odeur et font ami-ami.

Selon leur comportement, les chevaux montrent qu'ils sont heureux, qu'ils ont peur ou qu'ils sont en colère.

UN BRIN DE TOILETTE

L'heure de la toilette est un moment de détente, une occasion de se faire des câlins. On ne se grattouille qu'entre amis !

Ces chevaux se grattent le garrot en se servant de leurs dents. Ils ne se font pas mal, au contraire : c'est un geste affectueux.

Celui-ci se roule dans la poussière pour se frotter le dos.

Tête-bêche, ces poneys agitent la queue pour chasser les mouches.

LE CABRER

Pour se battre, les chevaux se cabrent. Ils paraissent ainsi plus grands et plus forts ! Ils le font aussi pendant leurs jeux.

Dressé sur ses jambes arrière, qu'il écarte pour garder l'équilibre, le cheval donne des coups de sabots avec ses jambes avant.

Le premier comportement de défense du cheval, c'est la fuite. Quand il doit faire face au danger, il se cabre ou il rue.

LA RUADE

Quand il rue, le cheval détend brusquement ses jambes arrière. Il repousse ainsi son adversaire à coups de sabots.

Pendant la ruade, la tête bascule en avant, le cheval est en équilibre sur ses jambes antérieures. Lorsqu'il est joyeux, le poulain rue.

Les jeunes chevaux jouent parfois comme des agneaux, ils bondissent et décollent leurs quatre sabots du sol en même temps.

LA NAISSANCE DES RACES

Une race regroupe des chevaux qui se ressemblent : couleur du poil, taille, puissance, rapidité, mais aussi docilité ou caractère affirmé.

Entre un gros cheval de trait et le cheval miniature appelé falabella, il y a autant de différence de poids qu'entre un agneau et une vache. Pourtant, ils font tous les deux partie de la famille des chevaux.

Les poneys sont nés dans des régions rudes où la nourriture était rare, ce qui explique leur petite taille. Là où les chevaux avaient plus d'espace et plus d'herbe, ils sont devenus plus grands, plus minces et plus rapides.

Parmi les compagnons de l'homme, c'est le cheval qui réunit le plus de qualités. Pourtant, il a été domestiqué bien après le chien et la vache.

Ce cheval a beaucoup de force : c'est un cheval de trait.

Celui-ci est très rapide : c'est un pur-sang.

Ce poney très doux est le compagnon idéal des enfants.

Ce cheval est très résistant : il vit dans le désert.

C'est en utilisant toutes les qualités du cheval que l'homme a créé les différentes races de chevaux. Il en existe environ deux cents !

LES CHEVAUX DE SELLE

Les cavaliers leur posent une selle sur le dos pour les monter. On les appelle aussi chevaux à sang chaud, car ils sont vifs et rapides.

le pur-sang arabe

le pur-sang anglais

Courageux et intelligent, il provient d'une race très ancienne.

C'est le plus rapide. Il bat des records de vitesse aux courses.

l'anglo-arabe

L'anglo-arabe est né du mariage des deux races de pur-sang. Ce cheval a d'énormes qualités, mais il n'a pas toujours bon caractère !

De n'importe quel pays, de n'importe quelle couleur, les chevaux nous font tous craquer. Partons pour un petit tour du monde !

le selle français

l'andalou

Cette race a été créée pour les loisirs et le saut d'obstacles.

Ce beau cheval, souple et fort, est de pure race espagnole.

le hanovrien

le quarter horse

Bon au dressage et au saut, cet animal a un caractère facile.

Cet américain est un bel athlète avec de superbes muscles !

QUELQUES CHEVAUX DE TRAIT

Ce sont des chevaux lourds, capables de tirer de grosses charges. On les appelle aussi chevaux à sang froid, car ils sont très calmes.

le shire

C'est le plus grand, le plus lourd et le plus fort de tous les chevaux. En Angleterre, son pays natal, il est surnommé « le gentil géant ».

le percheron

le boulonnais

Solide mais élégant, c'est le plus connu des chevaux lourds.

Celui-ci tire les filets des pêcheurs sur les plages du nord de la France.

DE GRANDS COSTAUDS À PROTÉGER

La force de ces animaux était utilisée par les hommes. Beaucoup de races de chevaux lourds ont disparu depuis l'invention des moteurs.

l'ardennais

C'est le plus docile. On dit qu'un enfant peut le conduire.

le comtois

Il est reconnaissable à ses « crins lavés » de couleur blonde.

le jutland

Il a longtemps travaillé dans les campagnes du Danemark.

le clydesdale

Ce cheval énergique porte le nom d'une rivière d'Écosse.

DE PETITS CHEVAUX

Les poneys sont gentils. Leurs poils les font ressembler à de grosses peluches. Mais ils aiment faire des farces à leurs jeunes cavaliers !

garrot du poney

Les poneys adultes mesurent moins de 1,48 m au garrot.

le shetland

Grâce à leurs poils épais, les shetlands ne craignent pas le froid.

le haflinger

Les crins de ce mini-cheval de trait sont blonds et touffus.

le welsh

Très vif, le welsh peut faire gagner des compétitions à ses cavaliers.

Voici quelques cousins des shetlands.
Dans certaines familles poneys, les papas et
les mamans atteignent presque la taille d'un cheval.

le connemara

C'est un poney intelligent au cœur gros comme une montagne. Son poil peut être gris, brun ou noir. Dans son pays, l'Irlande, il adore sauter par-dessus les murets de pierres : c'est un excellent sauteur.

l'islandais

le fjord

Ce poney robuste se régale de lichen, d'algues et de harengs.

Une raie noire court sur sa crinière, son dos et sa queue.

DES MOTS POUR DÉCRIRE LES CHEVAUX

Pour les chevaux, on ne dit pas des pattes, mais des jambes. Et on appelle leur gueule une bouche. Voici d'autres précisions.

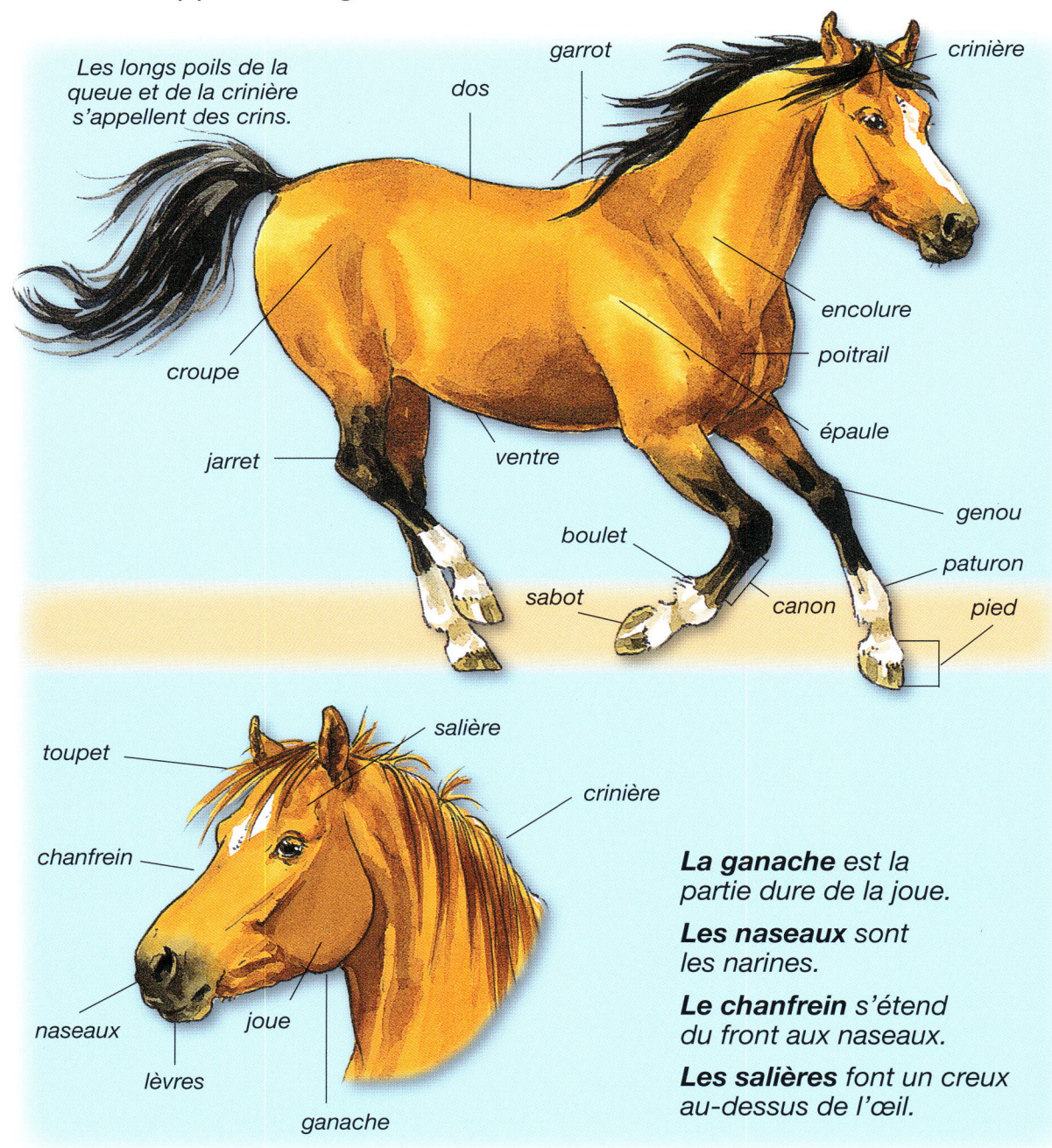

Les longs poils de la queue et de la crinière s'appellent des crins.

- garrot
- crinière
- dos
- encolure
- poitrail
- épaule
- croupe
- jarret
- ventre
- boulet
- genou
- paturon
- sabot
- canon
- pied

- toupet
- salière
- crinière
- chanfrein
- joue
- naseaux
- lèvres
- ganache

La ganache est la partie dure de la joue.

Les naseaux sont les narines.

Le chanfrein s'étend du front aux naseaux.

Les salières font un creux au-dessus de l'œil.

Des os du cheval correspondent à certains des nôtres. Regarde sur le dessin ci-dessous, ils sont indiqués par la même couleur.

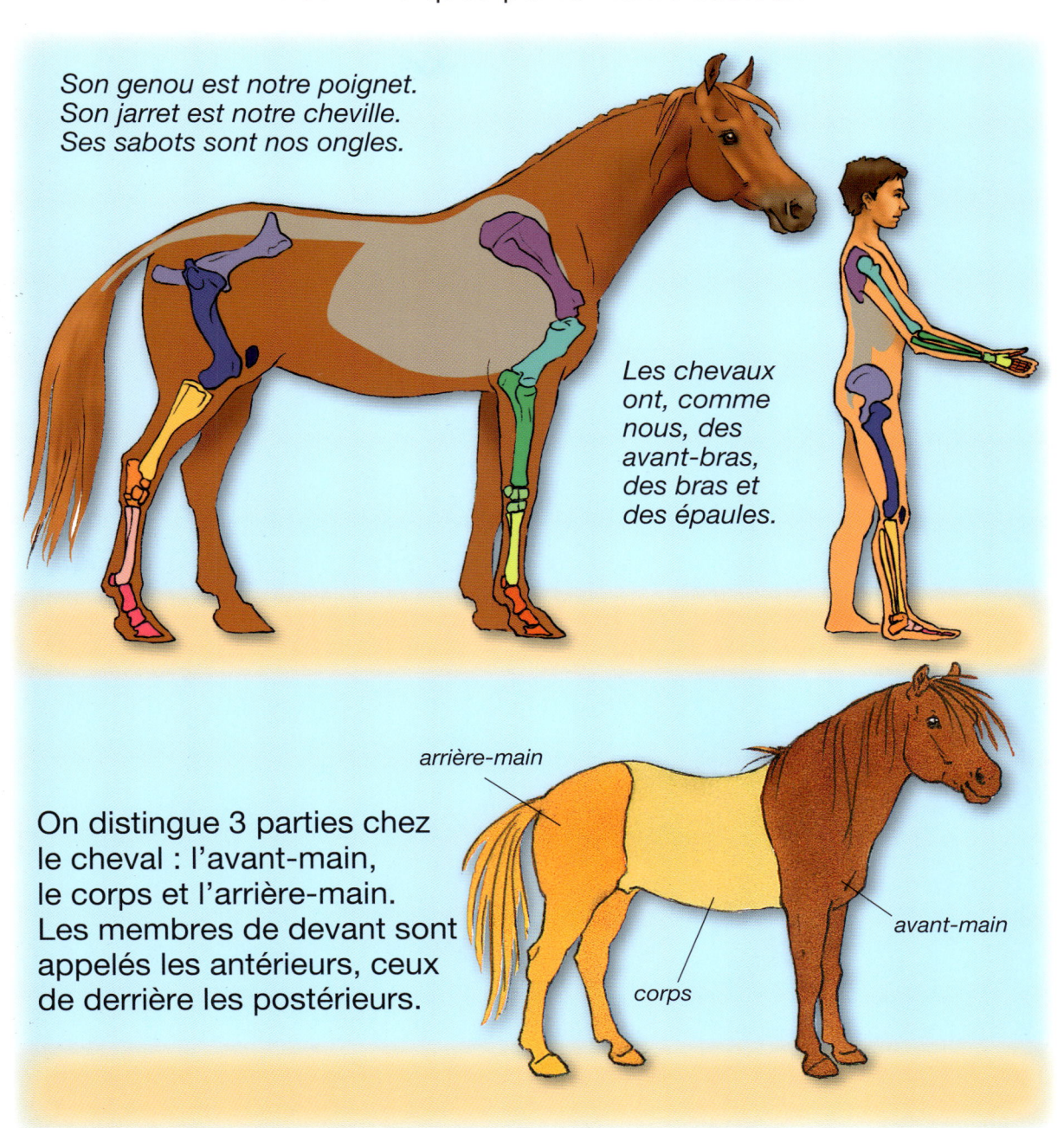

Son genou est notre poignet.
Son jarret est notre cheville.
Ses sabots sont nos ongles.

Les chevaux ont, comme nous, des avant-bras, des bras et des épaules.

On distingue 3 parties chez le cheval : l'avant-main, le corps et l'arrière-main. Les membres de devant sont appelés les antérieurs, ceux de derrière les postérieurs.

arrière-main

avant-main

corps

DES ROBES POUR LES PONEYS ET LES CHEVAUX

On appelle la robe d'un poney ou d'un cheval l'ensemble des poils et des crins qui recouvrent leur corps.

Le cheval peut avoir une robe unie ou de plusieurs couleurs.

Ce poney est blanc : c'est la teinte de ses poils et de ses crins.

Celui-ci est noir : ses poils et ses crins sont de cette couleur.

Ce cheval alezan a les crins et les poils marron ou presque roux.

Il existe des robes très variées. On a même donné un nom à certains pelages : alezan, pie, bai...

Ce poney est bai : ses poils sont marron, mais ses crins sont noirs.

Celui-ci est gris : il a des poils et des crins noirs et blancs.

La robe du cheval pie (à gauche) est blanche, avec de grandes taches noires ou marron. On dirait une vache normande.

DES SIGNES PARTICULIERS

Les chevaux, comme les hommes, ont des signes ou des marques qui les distinguent les uns des autres.

une pelote   une liste   une étoile

Beaucoup de chevaux et de poneys ont une tache blanche sur la tête. Elle peut être ronde ou allongée, ou encore faire penser à une étoile. C'est pratique pour reconnaître son compagnon.

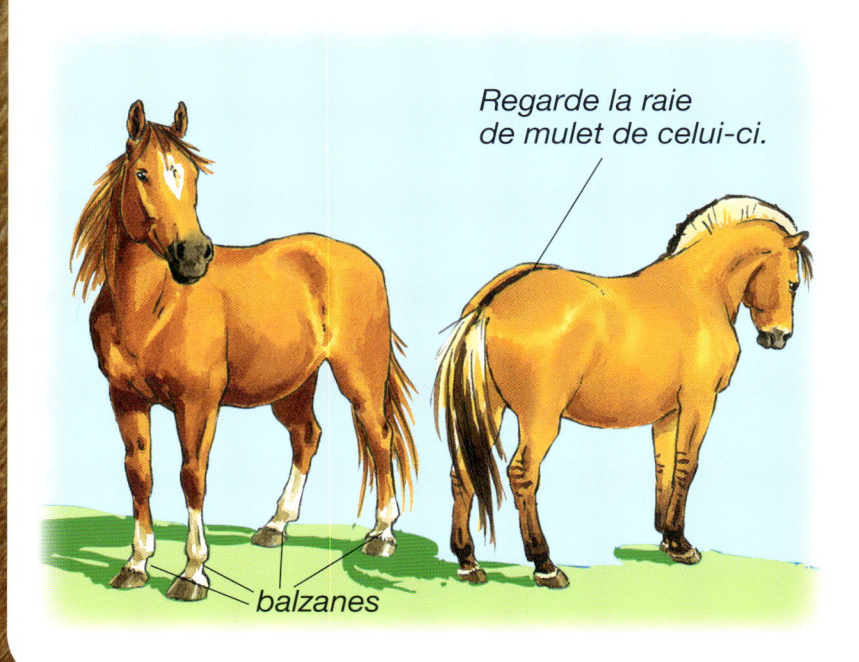

Regarde la raie de mulet de celui-ci.

balzanes

Une balzane ressemble à une chaussette blanche. Un cheval peut avoir une, deux, trois ou quatre balzanes. La raie de mulet, c'est la ligne sombre qui court sur le dos d'un cheval, d'un poney ou d'un âne.

DES COUSINS : LES ZÈBRES

Les chevaux, les ânes et les zèbres font partie de la même famille, même si le zèbre est particulièrement original !

Tous les zèbres sont rayés différemment. Dès qu'il naît, la mère entoure son petit pour qu'il ne voie que sa robe. Il devra savoir la reconnaître au milieu du troupeau, car elle ne l'appellera pas à cause des hyènes et des lions.

Au combat, ils cherchent parfois à se mordre les jambes avant.

Les zèbres peuvent rester trois jours sans boire.

LES ÂNES

Il reste très peu d'ânes sauvages. Presque toujours, ce sont les hommes qui élèvent les ânes pour le plaisir, mais aussi pour les faire travailler.

Voici papa âne, maman ânesse et leur petit ânon. À deux ans, il sera aussi grand que ses parents. Certains ânes ont comme une croix dessinée sur le dos. Ils peuvent être gris ou marron. Les ânes du Poitou ont de longs poils.

Les ânes sauvages ressemblent à la fois à l'âne et au cheval. Ils ne sont plus très nombreux. Certains vivent en Afrique, d'autres en Asie.

LE MULET ET LE BARDOT

Les parents de ces animaux ne sont pas de la même race.
Mulet et bardot ne peuvent pas faire de bébés.

Le petit d'une jument et d'un âne s'appelle un mulet,
si c'est un mâle, ou une mule, si c'est une femelle.

Le bardot est plus rare. C'est le bébé d'une ânesse et d'un cheval.
Il hennit comme le cheval, tandis que le mulet brait comme l'âne.

CHEVAUX DE LÉGENDE

Il y a des légendes et de vieilles histoires qui parlent de chevaux extraordinaires, mais personne ne peut dire s'ils ont vraiment existé.

Pégase
Avec ses grandes ailes blanches, Pégase est un cheval de rêve. La légende grecque précise qu'il courait plus vite que le vent. Il lui arriva plusieurs aventures, mais un jour il s'envola très loin dans le ciel après s'être fait piquer par un insecte géant.

La licorne
La merveilleuse licorne était une sorte de cheval avec une corne torsadée sur le front. Il paraît que ses sabots étaient en or ! Elle n'obéissait qu'à une jeune fille et disparaissait aux yeux des méchants.

CHEZ UN ÉLEVEUR

UN HARAS

Voici un haras. C'est un endroit où l'on élève des chevaux ou des poneys. Bien souvent, ils y naissent et y vieillissent.

les écuries

les box

Les chevaux et les poneys passent beaucoup de temps dehors. Ils sont heureux de vivre en groupe dans de grands prés. C'est bon pour leur santé.

la grange

la carrière de débourrage

PAPA ET MAMAN PONEY

Chez les chevaux, la maman s'appelle la jument, ou la ponette chez les poneys. Le papa l'étalon, et le petit le poulain ou la pouliche.

C'est l'éleveur qui choisit les maris de ses juments.
Souvent, les étalons vivent dans un autre élevage.
Les juments voyagent alors dans un van pour aller les retrouver.

L'étalon câline la jument. Un petit poulain naîtra peut-être de leur rencontre.

L'étalon retrousse sa lèvre supérieure pour montrer que la jument lui plaît. Cela s'appelle le flehmen.

LE BOX DE LA POULINIÈRE

La poulinière est une jument qui donne naissance à un poulain chaque année. Son box est confortable et assez grand pour deux.

La jument lèche le sel. C'est bon pour sa santé.

La caméra permet à l'éleveur de surveiller la jument.

bloc de sel

filet à foin

abreuvoir

mangeoire

litière épaisse

LA NAISSANCE

Les poulains grandissent dans le ventre de leur maman pendant onze mois. Ils naissent souvent au printemps, quand l'herbe est abondante.

La maman ponette sent que son poulain s'apprête à venir. Elle se couche sur le flanc pour le mettre au monde. On dit qu'elle va mettre bas ou qu'elle va pouliner.

Ce sont les antérieurs (jambes avant) du poulain qui sortent en premier, avant la tête. Il est encore enveloppé de la membrane qui l'entourait dans le ventre de sa mère.

Les jambes du nouveau-né semblent fragiles. Son poil est doux comme du duvet et la corne de ses sabots est tendre. Il n'a pas encore de dents.

Le petit est né. Sa maman va tout de suite le lécher pour lui faire sa toilette et l'encourager à se mettre debout. Le poulain sent l'odeur de la jument. Il la reconnaîtra toute sa vie !

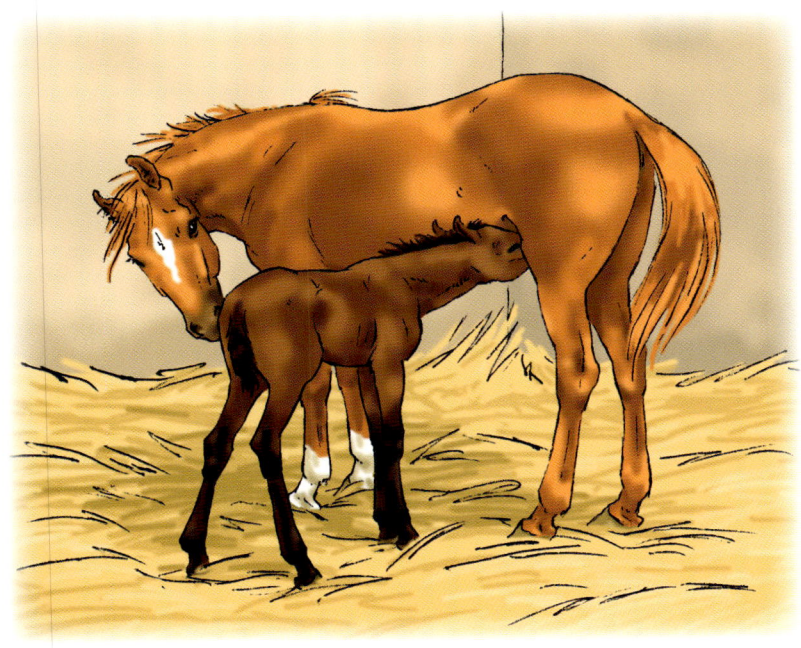

Il faut une ou deux heures pour que le poulain tienne solidement sur ses quatre jambes. Il est alors capable de garder l'équilibre pendant qu'il tète le bon lait chaud de sa maman.

LES PREMIERS JOURS

Comme les bébés humains, les poulains passent beaucoup de temps à téter et à dormir. Très vite, ils deviennent curieux de découvrir le monde.

Le poulain bâille, il est fatigué.
Il ne va pas tarder à s'endormir.

Lorsqu'il se réveille, il est
prêt pour aller téter ou jouer.

Comme première compagne de
jeu, le poulain choisit sa maman.

Pour réussir à se gratter
la joue, ce n'est pas facile.

Le poulain ne se trompe jamais de maman.
Il la reconnaît parmi les autres juments à son odeur et à son hennissement. Il va l'imiter dans tous ses comportements.

Le poulain essaie de brouter, mais c'est très difficile.

Dès qu'il a peur, il cherche refuge près de sa mère.

Au fil des jours, le poulain se détache de sa maman.
Il joue avec les autres et prend plaisir à partager leurs jeux.

LES PREMIERS CONTACTS

Si la maman est en confiance avec les humains, son petit ne sera pas craintif. L'éleveur vient souvent caresser le poulain et lui parler.

Les enfants qui viennent au haras aiment jouer avec les poulains. Celui-ci connaît bien la fillette, il accourt quand elle l'appelle.

Le poulain suit sa mère, qui rentre au box. Bientôt, il apprendra à porter le licol sur sa tête et à se laisser conduire par l'éleveur.

COMPRENDRE LES CHEVAUX

Pour approcher les jeunes chevaux sans les effaroucher, mieux vaut connaître leur comportement et leur façon de s'exprimer.

Le poney voit très loin sur les côtés. Il a aussi l'oreille fine. Pour l'approcher, il faut être face à lui, et non pas derrière.

Les poulains sont curieux. Si tu entres dans leur pré et que tu ne fais pas de gestes brusques, ils viendront vers toi.

L'observation des oreilles donne une indication sur l'humeur du cheval.

Quand les oreilles du cheval sont en avant, il est attentif.

Les oreilles sur les côtés, la tête tombante et les yeux à moitié fermés, il est détendu.

Les oreilles sont plaquées contre la nuque : le cheval est énervé ou en colère.

LE SEVRAGE

Le poulain est sevré lorsqu'il est assez âgé pour quitter sa maman. Souvent, elle attend déjà un petit frère ou une petite sœur !

Petit à petit, le poulain va moins téter et progressivement il va se nourrir comme un adulte. Il va brouter l'herbe en imitant sa mère, qui lui apprend ce qui est bon pour lui. À six mois, il boit à l'abreuvoir comme un grand et, s'il tète encore, c'est pour le plaisir.

Les poulains sevrés n'ont plus besoin de téter. L'éleveur les a séparés des poulinières. Mais les premiers jours passés loin d'elles semblent bien longs et difficiles. Heureusement que les copains sont là pour jouer avec eux !

LES REPAS

Les chevaux sont des herbivores. Dans la nature, ils passent beaucoup de temps à manger de l'herbe. Au haras, leurs repas sont plus variés.

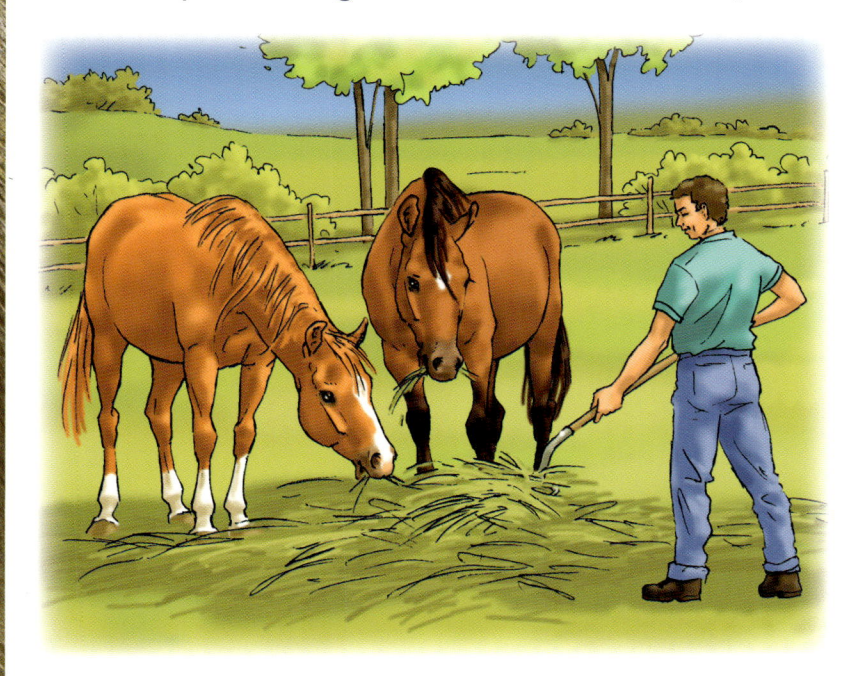

Au printemps et en été, les chevaux broutent de l'herbe verte et tendre. Ils la mâchent très longtemps avant de l'avaler. Quand les prés sont brûlés par le soleil, on leur apporte du foin. C'est de l'herbe récoltée au printemps et séchée. Ils sont contents, mais le foin leur donne soif. Pour l'eau, il y a des abreuvoirs.

En hiver, les chevaux sont nourris à l'écurie. Ils aiment grignoter la paille. Ils mangent des céréales et des granulés, qui leur apportent plein de bonnes choses, et aussi quelques friandises. Le sel est important pour leur santé. Ils se régalent en léchant le bloc.

LE TRAVAIL DU PALEFRENIER

La propreté est importante pour la santé des chevaux.
Le palefrenier est chargé de leur toilette et de l'entretien des box.

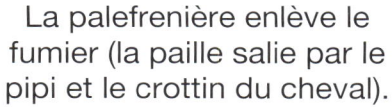

La palefrenière enlève le fumier (la paille salie par le pipi et le crottin du cheval).

Chaque semaine, elle frotte le sol du box avec un produit qui tue les microbes. Puis elle étale une épaisse couche de paille fraîche : c'est la litière.

Lorsque la palefrenière a terminé, le cheval retrouve son box propre. Certains chevaux ne font pipi que dans leur box.

VISITE DU VÉTÉRINAIRE-DENTISTE

L'éleveur fait appel à lui si un cheval manque d'appétit et d'entrain. Il saura s'il a mal au ventre ou s'il souffre d'une rage de dents.

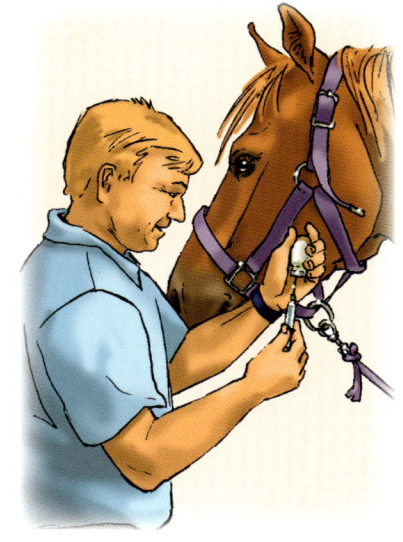

Le vétérinaire vient régulièrement au haras pour examiner et soigner les chevaux. Il note les soins donnés et les vaccins sur leur carnet de santé.

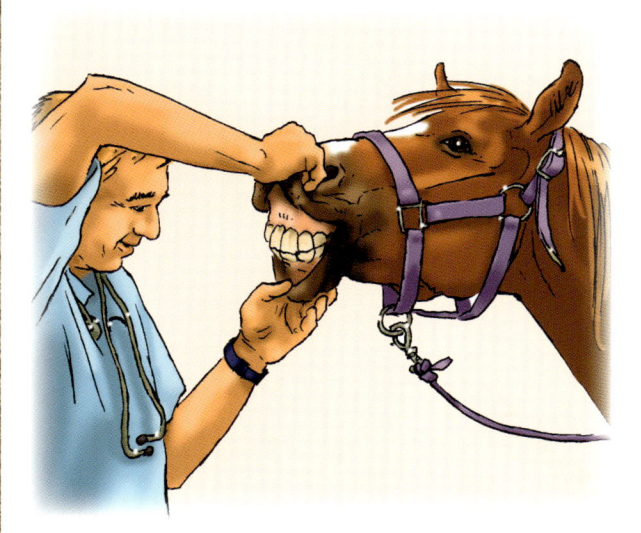

Le dentiste ouvre la mâchoire du cheval pour vérifier que ses dents sont en bon état.

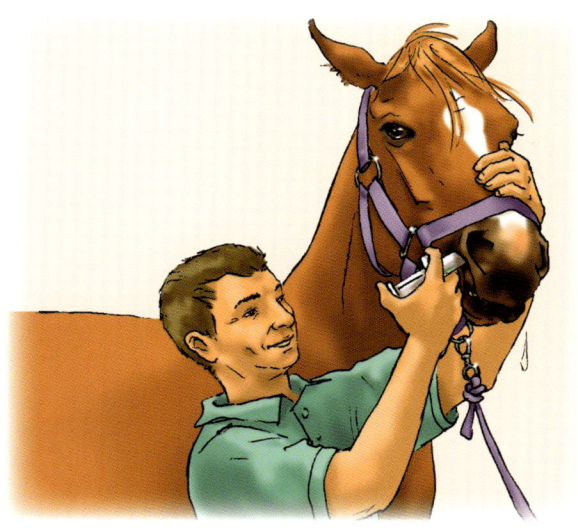

L'éleveur donne un produit, du vermifuge, au cheval pour tuer les vers qu'il pourrait avoir dans ses intestins.

VISITE DU MARÉCHAL-FERRANT

Les sabots des chevaux et des poneys sont protégés par des fers. C'est le maréchal-ferrant qui les pose. Il est habile et patient.

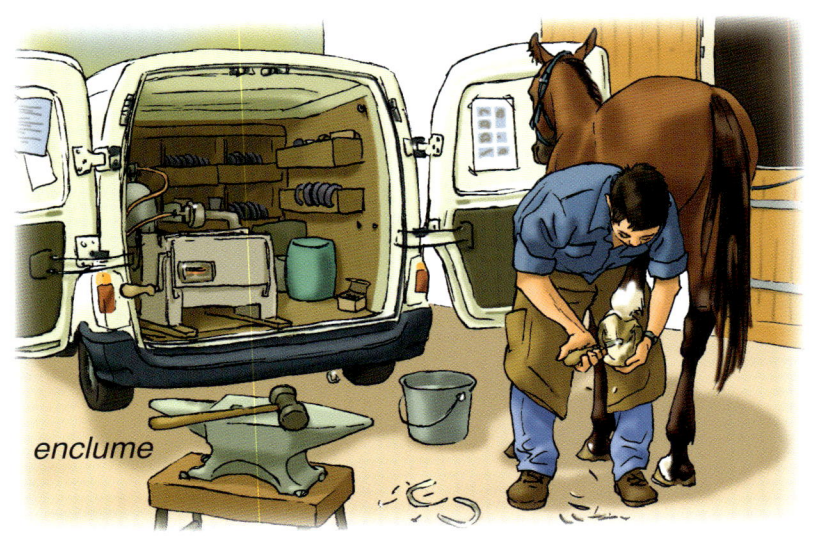

enclume

Avant de poser les fers, le maréchal-ferrant « pare » les pieds du cheval (il coupe la corne). Le fer est chauffé. Quand il est bien rouge, le maréchal-ferrant le frappe sur l'enclume pour lui donner la forme du sabot.

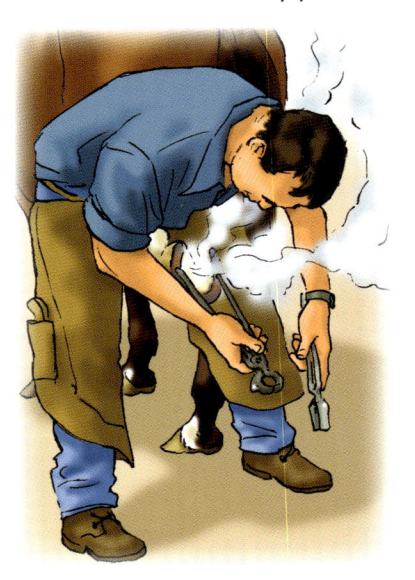

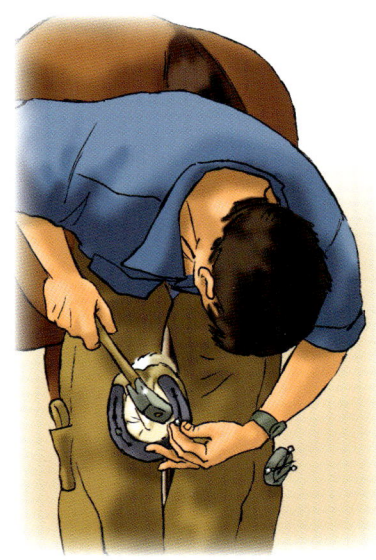

Le fer refroidi est posé sur la corne du sabot. Le maréchal-ferrant enfonce des clous sans atteindre la chair, puis lime le fer pour l'ajuster.

UN BAIN DE MER

Certains haras se trouvent au bord de la mer. Les chevaux ou les poneys peuvent prendre des bains. L'eau salée fait du bien à leurs jambes.

Pour son premier bain de mer, le cheval est un peu inquiet, mais d'instinct il se met à nager sans avoir appris.

Une bonne douche est nécessaire pour enlever le sel qui colle aux poils. Le cheval sera rentré dans son box lorsqu'il sera bien sec.

LE DÉBOURRAGE

C'est l'éducation que reçoit le cheval avant son dressage. Il doit s'habituer à obéir à l'homme, à supporter la selle et le poids du cavalier.

le licol

Le licol sert à mener le cheval quand on ne le monte pas. Pour le promener, on y fixe une longe.

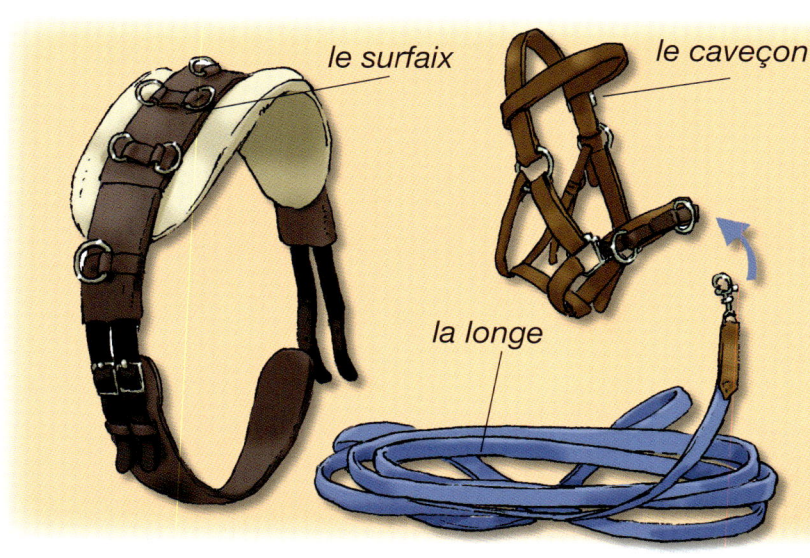

le surfaix *le caveçon*

la longe

Voici le matériel utilisé pour le débourrage :

Le caveçon : c'est un gros licol très résistant.

Le surfaix : c'est une sangle qui entoure le ventre du poulain.

La longe : c'est une longue corde que l'on attache au caveçon.

LE TRAVAIL À LA LONGE

Le cheval « tourne à la longe » sur un grand cercle, autour de son éleveur. Il s'habitue à obéir à des ordres simples.

surfaix

caveçon

longe

chambrière

Le cheval apprend à comprendre les mots « au pas », « au trot », « au galop ». Quand il entend « holà ! », il doit s'arrêter.

La selle remplace maintenant le surfaix. Au début, on retire ou on attache les étriers : ils peuvent faire du bruit en tapant sur les flancs du cheval et l'effrayer.

Le cheval mâchonne le mors que l'éleveur lui place dans la bouche.

Il rue pour essayer de se débarrasser de la selle.

Pendant qu'un cavalier se met à plat ventre sur la selle, puis tente de poser le pied sur l'étrier, l'éleveur parle à l'animal et détourne son attention.

DU DÉBOURRAGE AU DRESSAGE

Pendant trois mois, le cheval a travaillé régulièrement à la longe. Son débourrage est terminé. Le dressage peut commencer.

Peu à peu, l'animal apprend à ne plus écouter l'éleveur. Il obéit directement aux ordres de son cavalier.
La longe devient inutile, on va bientôt pouvoir l'enlever.

Le cavalier serre les jambes en disant : « Au trot ! ». Il les serre encore plus fort en demandant : « Au galop ! ».
Pour passer « au pas », il lève légèrement les mains. Petit à petit, le cheval va faire de nombreux apprentissages.

DIFFÉRENTES CARRIÈRES

Lorsqu'un cheval montre de grandes qualités dans un domaine particulier, on peut le préparer à la compétition.

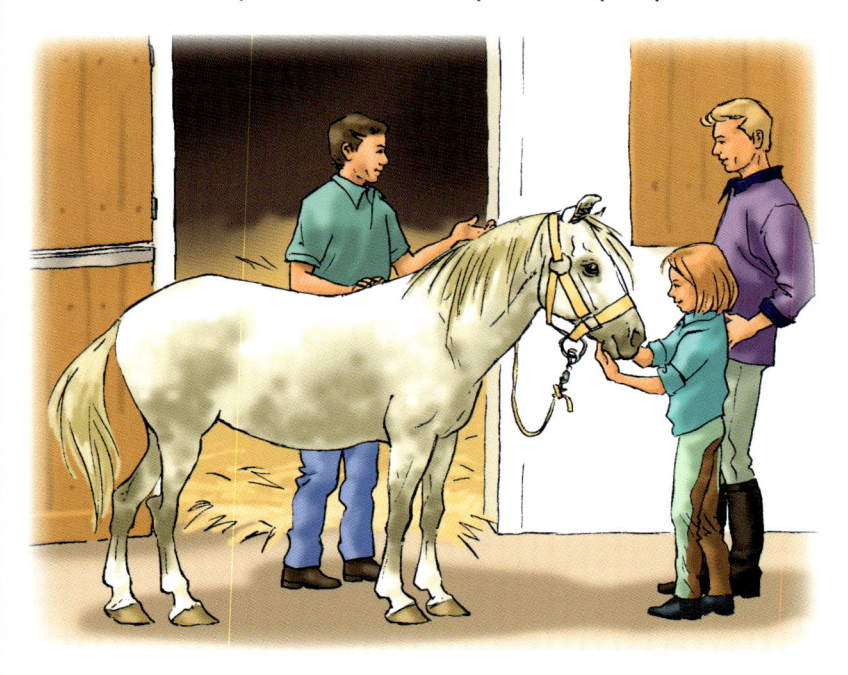

L'éleveur est sur le point de se séparer d'un cheval.
Il le montre à une personne intéressée, qui va l'examiner longuement, puis le monter pour connaître ses capacités.
Le choix est un moment important.

Le cheval plaît au futur propriétaire et à sa fille. L'animal va quitter l'éleveur et va être entraîné pour la compétition, sans doute pour le saut d'obstacles.

Les chevaux et les poneys ne vont pas tous en compétition. La plupart travaillent dans les poney-clubs ou vivent chez leurs propriétaires.

Beaucoup de chevaux et de poneys deviennent des montures de club. Grâce aux poneys du type shetland, les enfants apprennent l'équitation.

Les poneys haflingers sont très doués pour tirer les attelages.

Il y a aussi les chevaux de loisir, pour faire des randonnées.

D'AUTRES SPORTS ET CONCOURS

Les poneys participent également à des courses comme les chevaux, et les plus beaux participent à des concours.

Les courses de poneys ont souvent lieu sur de petits hippodromes.

Lors des concours de présentation, le poil des poneys est bien lustré et leur crinière est tressée.

L'équitation western s'inspire de la monte des cow-boys américains.

Le ski joëring associe un skieur et un cheval. C'est un sport original qui se développe en montagne.

LE BIEN-ÊTRE DU PONEY

Il existe une science qui étudie le comportement des animaux.
Ceux qui étudient les chevaux sont des éthologistes équins.

Cette scientifique observe ce troupeau de chevaux qui vivent en liberté.
Elle étudie leurs réactions et les relations entre la mère et son poulain.

Elle a pu noter qu'au pré les chevaux broutent au moins quinze heures
par jour et que, pour se sentir bien, les chevaux ont besoin de compagnie.

AVOIR UN PONEY À SOI

Quel cavalier n'a pas rêvé d'avoir son propre poney ?
C'est un rêve qui malheureusement n'est pas facilement réalisable.

C'est quelque chose de merveilleux d'avoir son poney.

Mais c'est du travail ! Il faut s'en occuper tous les jours, le nourrir.

Si tu n'as pas de pré, il faut louer un box et payer sa pension. Ce sont des frais.

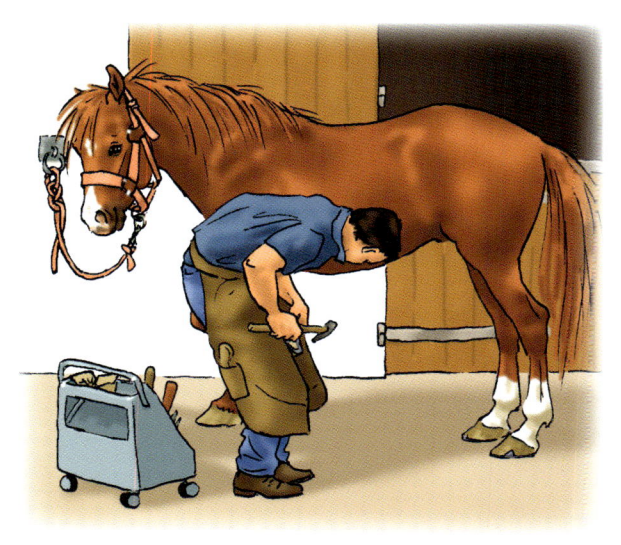

Le cheval a besoin d'être ferré régulièrement et d'être vacciné par le vétérinaire.

Ce n'est pas parce que l'on aime les poneys que l'on est capable de s'en occuper tous les jours. L'achat d'un animal doit être bien réfléchi, ce n'est pas un jouet.

Pour que ton poney soit heureux, il doit avoir des copains.

Il doit se dégourdir les jambes et il faut le monter souvent.

Il y a des pensions où les poneys sont dans les prés pendant la journée et au box le soir. C'est l'idéal.

Il faut savoir interpréter le comportement de son poney pour être sûr qu'il est en bonne santé.

À L'HEURE DE LA RETRAITE

Certains poneys et chevaux ont la chance de finir leur vie dans des centres de retraite. Après leur carrière, ils retrouvent les prés et la liberté.

Chevaux et poneys vivent ensemble dans de grands prés. Ces retraités peuvent ainsi se raconter leurs souvenirs !

Les vieux chevaux ont besoin de calme, de confort et de plus de soins.

Cette ponette devenue aveugle s'est liée d'amitié avec un âne qui lui sert de guide.

AU PONEY-CLUB

DÉCOUVRONS UN PONEY-CLUB

Dès l'âge de quatre ans, les enfants peuvent venir régulièrement au poney-club pour apprendre l'art de monter à cheval : l'équitation.

grange

manège couvert

carrière

Dans un poney-club, il y a toujours une carrière pour travailler en plein air, mais aussi un manège couvert en cas de mauvais temps.

En hiver, les poneys sont à l'écurie. Leurs box doivent être propres et assez grands pour qu'ils s'y sentent à l'aise. Les poneys ont leurs poils d'hiver, qui leur donnent un côté nounours.

Dans un poney-club, il y a toujours une grange pour la paille et le foin et une graineterie pour la nourriture des poneys et des chevaux.

Il faut de la paille fraîche et du foin tous les jours pour les chevaux.

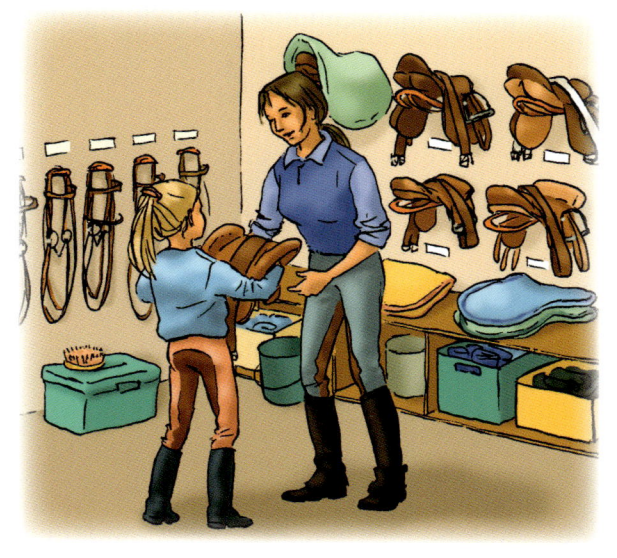

La sellerie est l'endroit où l'on range les selles et les filets.

Un cours d'équitation s'appelle une reprise. Les moniteurs aident les jeunes cavaliers à progresser. Parfois, ils les emmènent en promenade.

LE MANÈGE

Les cavaliers suivent les consignes du moniteur. Tout en jouant, ils apprennent à diriger leur poney, à le faire galoper… et à s'arrêter !

Les lettres du manège servent à se repérer.

Barres au sol

Ces petits obstacles s'appellent des cavalettis.

UN CAVALIER BIEN ÉQUIPÉ

L'important n'est pas d'être beau, mais d'être bien protégé et de se sentir à l'aise. Le casque, encore appelé bombe, est obligatoire :

Le casque
Il doit être bien ajusté et aux normes. Il est indispensable en cas de chute.

Le gilet de sécurité
Il est recommandé, car il est rembourré et il amortit les chutes.

La cravache
Elle peut parfois être utile pour activer le cheval.

Le pantalon d'équitation
Il est renforcé aux endroits soumis aux frottements. Les débutants peuvent mettre un jogging ou un caleçon.

Les gants
Ils protègent du froid. La paume est antidérapante et permet de bien agripper les rênes.

Les bottes
Elles protègent les mollets. Les talons évitent que les pieds glissent dans les étriers. Tu peux prendre tes premières leçons avec des bottes de pluie.

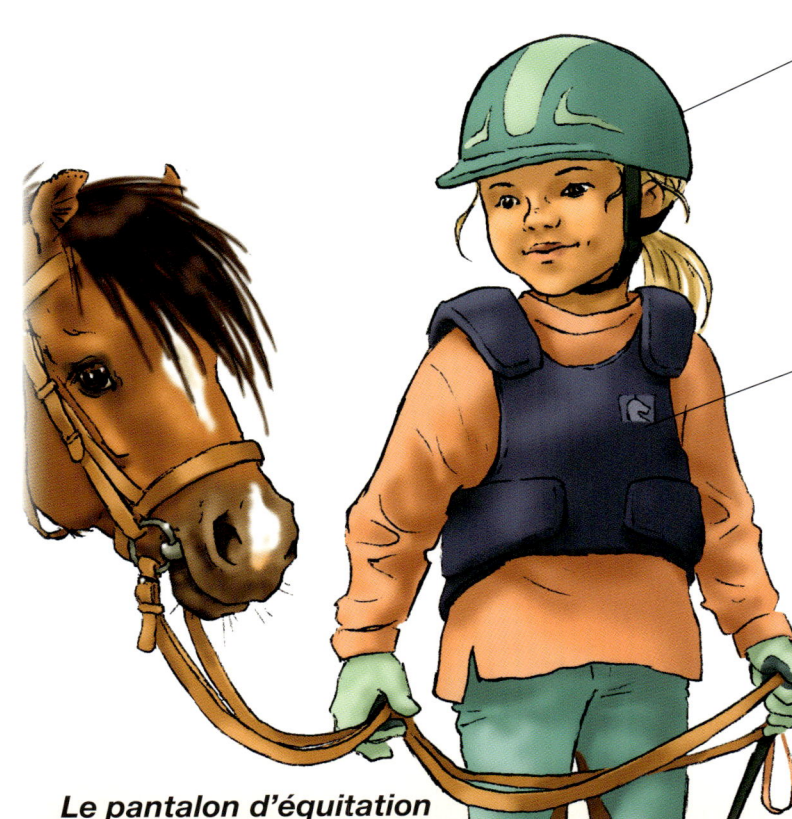

LE PANSAGE

Au poney-club, on apprend à faire la toilette de son compagnon. Le pansage est essentiel pour que le poney reste propre et se sente bien.

Avec le cure-pieds, on enlève les cailloux coincés sous les sabots.

Avec l'étrille, on gratte la boue sèche collée sur les poils.

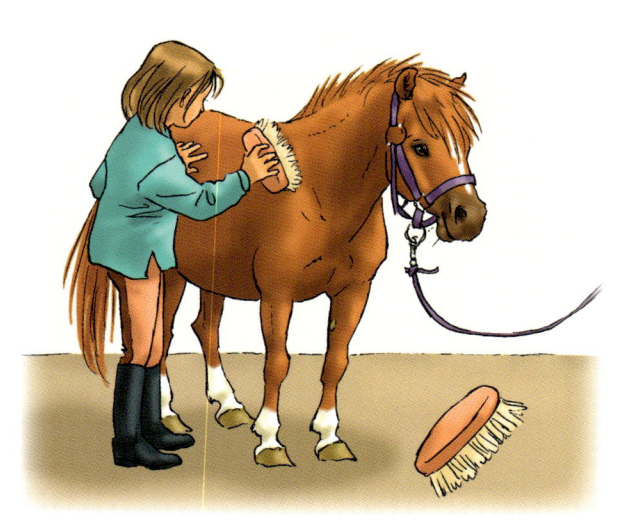

Le poney est frotté avec une brosse dure (le bouchon), pour enlever la poussière, puis avec une brosse douce.

Le pansage agit comme un massage pour le cheval.
Cela permet aussi au cavalier de vérifier
que son animal n'a pas de blessures.

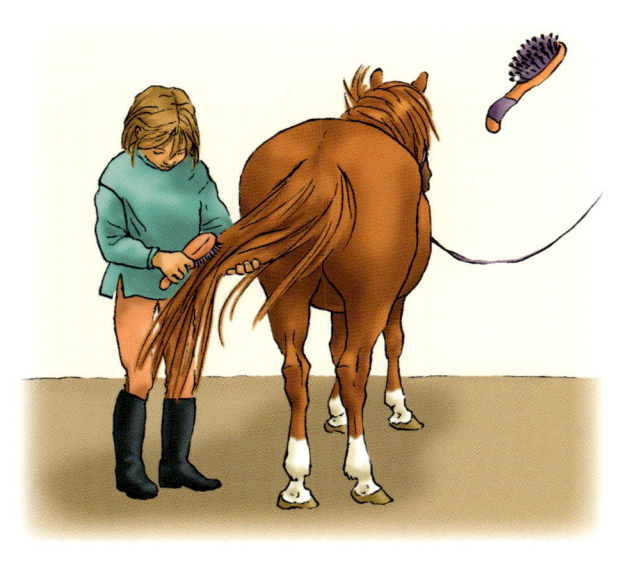

Avec une brosse à crins, on brosse la crinière et la queue.

Avec une éponge propre et humide, on essuie les naseaux et les yeux.

À l'aide d'un pinceau, on graisse les sabots pour nourrir la corne.

Le poney est maintenant tout propre. Il se sent bien.

PRÉPARER SON PONEY

Chaque poney possède un harnachement, composé de plusieurs éléments. La selle des jeunes cavaliers, la bardette, possède une poignée.

Cette cavalière revient de la sellerie avec sa bardette sur les bras.

Elle se place toujours à la gauche du poney et lui parle doucement.

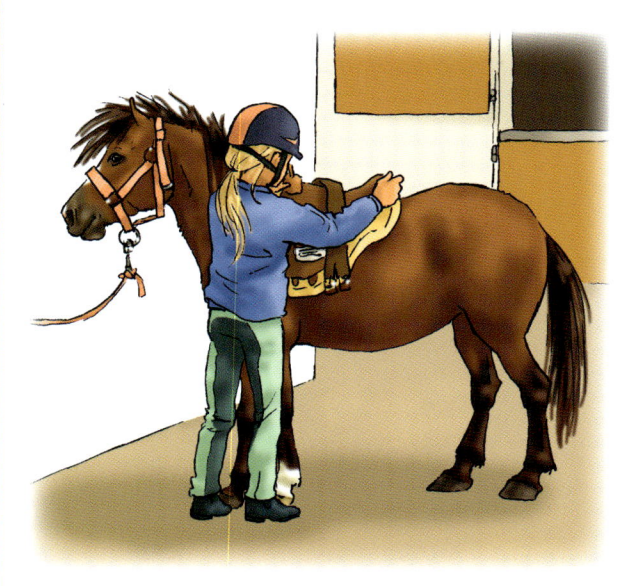

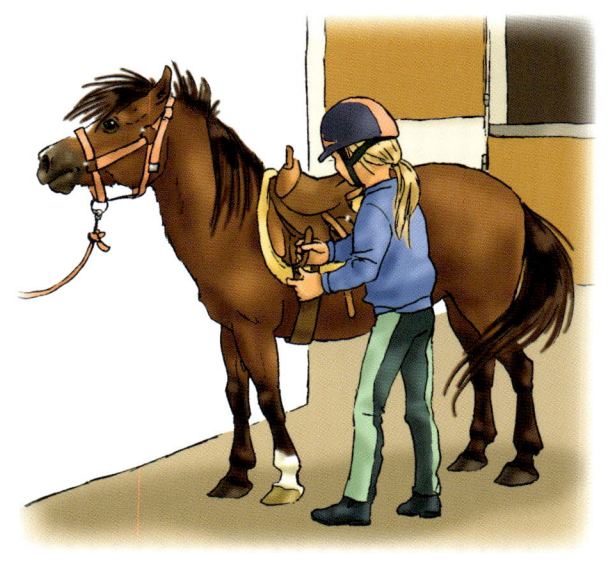

Pour seller, on pose d'abord le tapis, qui protège le dos du poney, puis la selle ou la bardette, et enfin on fixe la sangle.

Mettre le filet n'est pas facile au début, mais très vite on s'habitue et on arrive à le faire tout seul, comme à placer le mors ou serrer la sangle.

mors

On positionne le mors d'une main et le filet de l'autre.

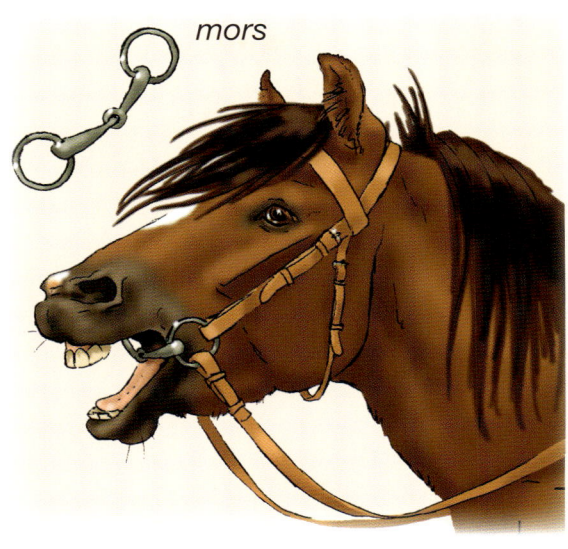

Le mors se place dans la bouche, là où il n'y a pas de dents !

Ensuite, on passe le filet derrière les oreilles avec les deux mains.

Et pour finir, on ferme le filet en fermant les boucles.

LA TONTE

L'hiver, comme chez beaucoup d'animaux, les poils des poneys s'épaississent pour les protéger du froid.

Un poney que l'on fait travailler transpire. Par temps froid, quand ses longs poils sont humides, il risque de tomber malade. Lorsque le poil d'hiver se met à pousser, on le tond pour qu'il transpire moins.

Pendant la tonte, il faut rassurer le poney, qui est inquiet.

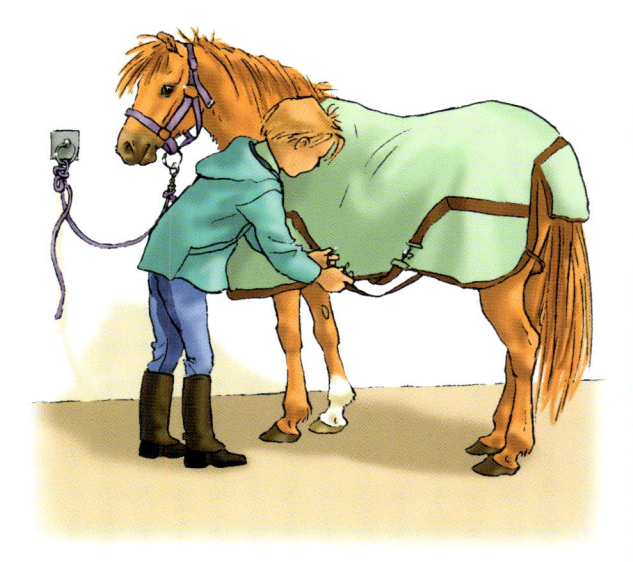

On met une couverture sur un poney tondu quand il ne travaille pas.

À CHEVAL !

Que ce soit pour monter ou pour descendre, le cavalier se place toujours à la gauche du poney. Il peut s'agripper à la crinière.

Après avoir harnaché son poney, la cavalière tient les rênes, passe son pied gauche dans l'étrier, prend son élan et se hisse.

Puis elle passe la jambe droite, se redresse, règle les étriers et saisit les rênes. La monitrice aide les cavaliers qui ont du mal à se hisser.

Il est possible de monter sans selle. Cela s'appelle monter à cru. Mais avec une selle ou une bardette, le cavalier a un meilleur équilibre.

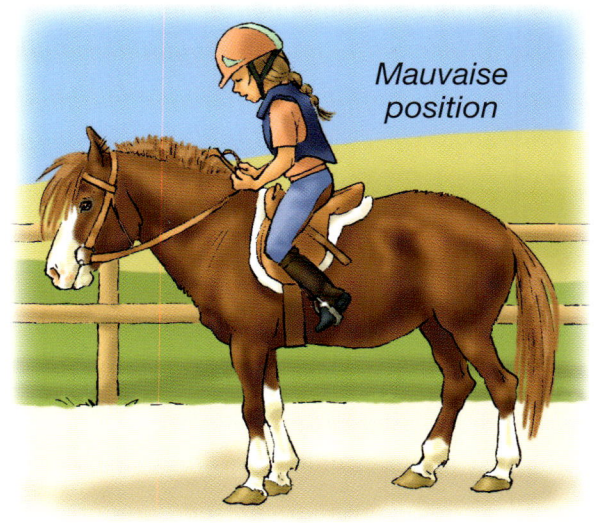

Bonne position

Mauvaise position

Pour une bonne position, les épaules doivent être légèrement en arrière, le dos bien droit et le regard loin devant soi.

Pour descendre, on déchausse les étriers, on passe la jambe droite par-dessus la croupe et on se laisse glisser doucement au sol.

BIEN TENIR LES RÊNES

S'il laisse les rênes longues, le cavalier ne peut pas diriger son poney. S'il les tient trop courtes, il gêne sa monture et blesse sa bouche.

On attrape le bout des rênes avec la main droite. On saisit de la main gauche les deux rênes, que l'on glisse ensuite jusqu'à l'encolure.

Puis la main gauche tient la rêne gauche et la main droite la rêne droite. Les mains sont parallèles, les pouces dirigés vers le haut.

73

AVOIR DE L'ASSIETTE

On dit qu'un cavalier « a de l'assiette » s'il est capable de rester sur le dos de son cheval en toutes circonstances. Voici quelques exercices.

On commence par des exercices d'assouplissement. On fait des moulinets avec les bras, on monte et on descend les genoux.

On essaie de s'allonger sur le dos du poney. Ce n'est pas facile.

Pour finir les exercices, un petit câlin à son poney, c'est très sympa.

GUIDER SON PONEY

Le cavalier se sert des rênes pour diriger l'animal, ses jambes lui servent d'accélérateur. Il s'aide aussi de sa voix et du poids de son corps.

La cavalière « donne des jambes » plusieurs fois pour demander au poney d'accélérer.

Elle écarte la rêne du côté où elle veut aller, le poignet tourné vers l'extérieur et les ongles vers le ciel.

Pour arrêter le poney, la cavalière penche ses épaules vers l'arrière. Ses mains se lèvent légèrement.

De la voix, mais sans crier, elle rassure son poney. Elle l'encourage aussi avec une caresse.

LES FIGURES DE MANÈGE

Quand les poneys font le tour du manège, on dit qu'ils « suivent la piste ». Ils s'en écartent pour exécuter des figures.

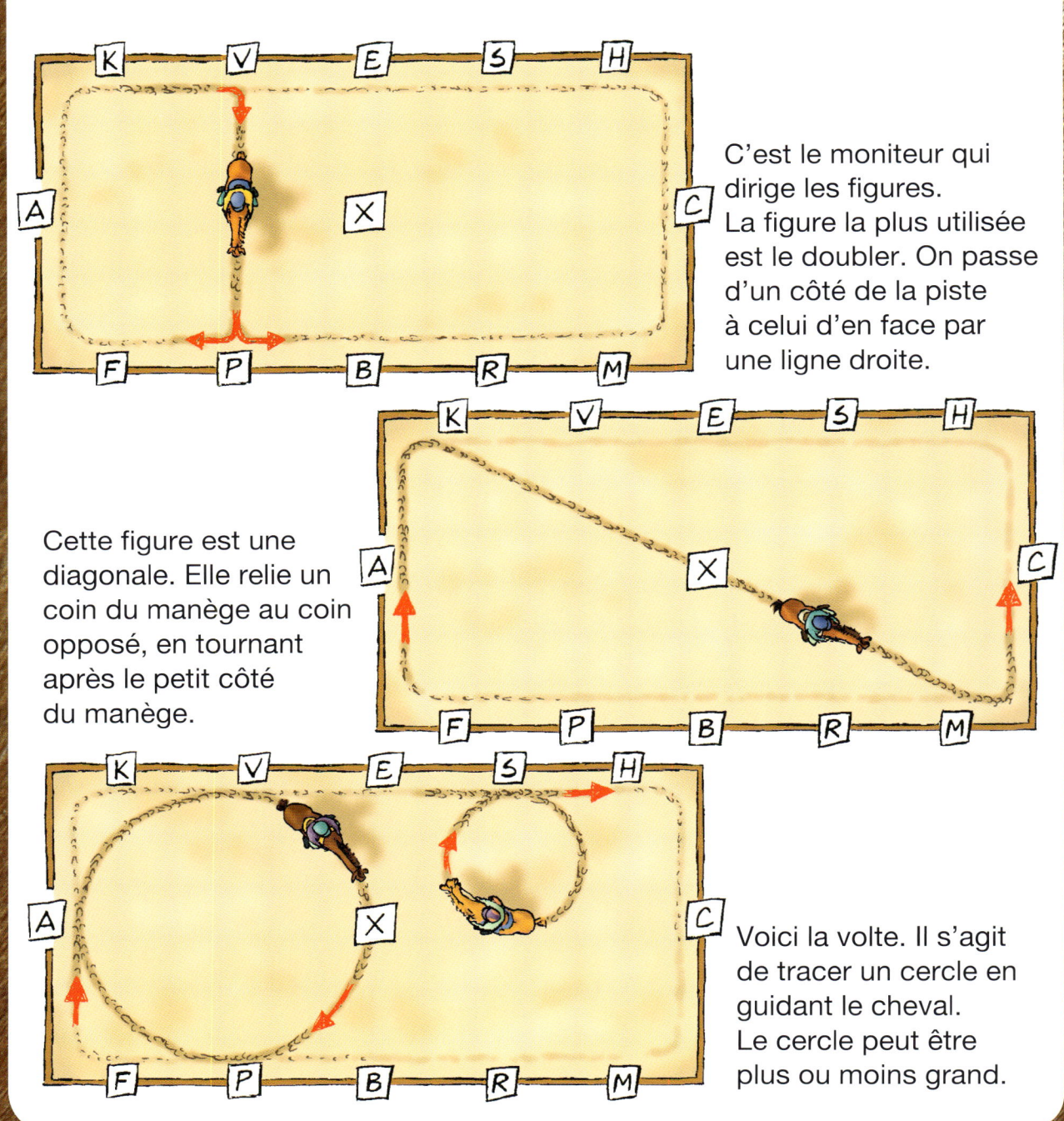

C'est le moniteur qui dirige les figures. La figure la plus utilisée est le doubler. On passe d'un côté de la piste à celui d'en face par une ligne droite.

Cette figure est une diagonale. Elle relie un coin du manège au coin opposé, en tournant après le petit côté du manège.

Voici la volte. Il s'agit de tracer un cercle en guidant le cheval. Le cercle peut être plus ou moins grand.

LE PAS

Le pas est une allure à quatre temps, tranquille et régulière. Le poney pose tour à tour chaque pied, comme sur ces images.

Les cavaliers débutants avancent au pas. Mieux vaut choisir l'allure la plus lente lorsque l'on apprend à diriger un poney.

Il faut encourager les poneys qui ont tendance à s'endormir. Parfois, on leur donne de petits coups de talon pour les réveiller.

LE TROT

C'est une allure à deux temps. Attention, le trot secoue beaucoup plus que le pas ! Le cavalier doit essayer de rester décontracté.

La jambe avant gauche du poney prend appui sur le sol en même temps que la jambe arrière droite. Puis toutes les deux se soulèvent ensemble.

Au trot enlevé, le cavalier se lève puis s'assoit sur la selle au rythme du poney. Pour cela, il se sert de ses étriers.

LE GALOP

Le galop est l'allure de la fuite : lorsqu'ils ont peur, les chevaux sauvages partent au galop. C'est leur seule défense !

C'est la plus rapide des allures. Elle comporte trois temps, plus un temps où les quatre pieds du poney sont en l'air.

Le cavalier ne doit pas avoir peur que son poney s'emballe. S'il reste bien assis, ce sera très agréable. Il pourra se croire sur une balançoire.

DES JEUX SUR PONEY

Au poney-club, une fois que l'on sait monter, différents jeux sont possibles. Les cavaliers doivent se montrer adroits et rapides.

Ce cavalier doit faire slalomer son poney entre les piquets le plus rapidement possible.

Très vite, il faut poser la balle en équilibre sur le cône sans la faire tomber.

Dans le jeu des tasses, on doit poser des tasses en équilibre sur des piquets.

Pour certains jeux, il faut savoir sauter sur le poney en marche.

La course en sac est très amusante. Le cavalier fait galoper son poney. Il descend à mi-parcours et enfile un sac. Il saute ensuite jusqu'à la ligne d'arrivée en tenant son poney par les rênes.

Au horse-ball, on doit marquer des buts avec le ballon en faisant peu de passes. Les adultes font aussi de très beaux matchs (regarde p. 119).

INITIATION À LA VOLTIGE

En réalisant quelques figures de voltige, les enfants travaillent leur équilibre et leur souplesse. Ils deviennent très à l'aise sur leur poney.

On peut d'abord s'entraîner sur un cheval-d'arçons.

Ensuite, quelques figures sont exécutées sur le poney à l'arrêt.

Au fur et à mesure, on devient plus souple et plus habile.

Puis on peut se lancer dans des poses plus compliquées.

FRANCHIR LES OBSTACLES

Les premiers obstacles sont des barres posées au sol, qui permettent d'adopter la bonne position de saut. Puis les barres sont surélevées.

Le cavalier lève les bras et garde l'équilibre. Il apprend à suivre les mouvements du poney. S'il perd l'équilibre, il peut se rattraper à la crinière.

Voici un bel obstacle ! En le franchissant, il faut bien suivre le mouvement de son poney pour ne pas tirer accidentellement sur sa bouche. Pour éviter cela, on peut attraper les crins tout en gardant les rênes en main.

EN PROMENADE

Au poney-club, des sorties sont organisées. C'est un vrai plaisir d'aller dans la nature en file indienne. Pas de crainte, le moniteur est là !

La promenade se fait généralement au pas. Il faut bien prendre garde aux branches et empêcher son poney de brouter sur les bas-côtés.

Certains poneys sont heureux de marcher dans l'eau.

Le moniteur propose une pause pour que les poneys broutent.

PRUDENCE !

S'il a peur, s'il a envie de rejoindre ses copains ou si un insecte le pique, un poney peut prendre la fuite ou donner des coups de pied.

Quand on s'approche d'un poney, on lui parle doucement pour ne pas l'effrayer.

N'enroule jamais la longe autour de ta main : si ton poney se mettait à galoper, il pourrait t'entraîner avec lui.

Il est important de garder ses distances, car les poneys peuvent « botter » : donner des coups de pied.

Il faut vérifier que la sangle du poney est bien ajustée pour que la selle ne se retourne pas.

DE PETITS MALHEURS

Quand un poney semble de mauvaise humeur, qu'il refuse d'obéir ou qu'il ne mange pas, peut-être faut-il le soigner.

Si le filet est mal ajusté, il peut blesser la bouche du poney. Il faut le remettre en place.

Parfois, la selle glisse pendant la reprise. Il faut descendre et la remettre en place.

Si le cheval boite, on met pied à terre. Il peut avoir un caillou sous un sabot.

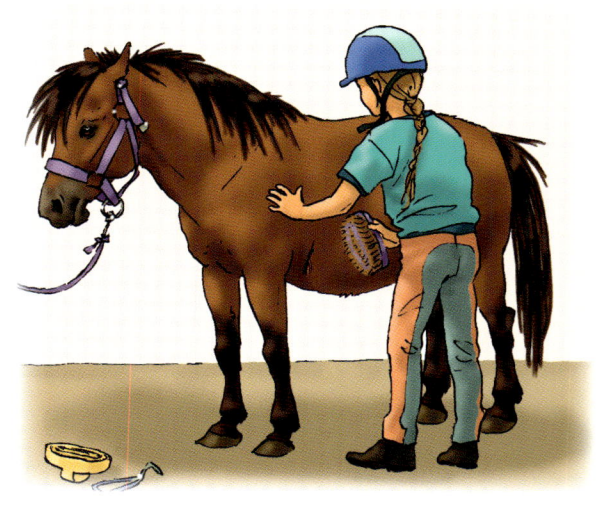

Si on voit une blessure en pansant son cheval, on prévient la monitrice.

Pendant les soins, le cavalier parle doucement à son poney pour le rassurer. Il appelle le vétérinaire si le poney ne guérit pas très vite.

Quand on monte à poney, on peut perdre l'équilibre et tomber. Ce n'est pas grave. Le moniteur est là pour nous rassurer. Il faut remonter tout de suite (sauf si on est blessé) pour ne pas avoir peur la fois suivante.

Il y a une tradition amusante : quand on tombe de poney, on apporte un gâteau à la reprise suivante. Tout le monde se régale et la petite chute se transforme en un bon souvenir.

VRAI OU FAUX ?

D'après ce que tu sais maintenant, peux-tu dire si les phrases suivantes sont vraies ou fausses ?

1
Une jument poney s'appelle une ponette.

2
En hiver, on peut tondre son poney.

3
L'endroit où ont lieu les cours d'équitation s'appelle un cirque.

4
On enlève les cailloux coincés sous les sabots avec une étrille.

5
Celui qui pose des fers sous les sabots des chevaux est un maréchal-chausseur.

6
Le van est le véhicule dans lequel voyagent les chevaux.

Réponses : 1 : Vrai 2 : Vrai 3 : Faux, un manège 4 : Faux, avec un cure-pieds 5 : Faux, un maréchal-ferrant 6 : Vrai.

DES CHEVAUX ET DES HOMMES

COURSES DE CHARS ET COMBATS DE CHEVALIERS

Pendant l'Antiquité, à Rome, avaient lieu des courses de chars. Au Moyen Âge, les chevaliers organisaient des tournois.

Le conducteur de char romain s'appelait l'aurige. Il devait passer le premier la ligne d'arrivée qui se trouvait devant la loge de l'empereur.

De lourdes armures protégeaient les chevaliers. De belles capes cachaient les cuirasses de leurs chevaux. Pendant les jeux appelés joutes, le chevalier devait briser sa lance sur le bouclier de son adversaire.

LES CARROSSES ET LES DILIGENCES

Autrefois, on ne circulait pas en voiture, mais en carrosse. Les voyageurs ne montaient pas dans un bus, mais dans une diligence.

Le roi se déplaçait dans un magnifique carrosse. Les princes et les serviteurs le suivaient à cheval. Les mules portaient le linge et la vaisselle.

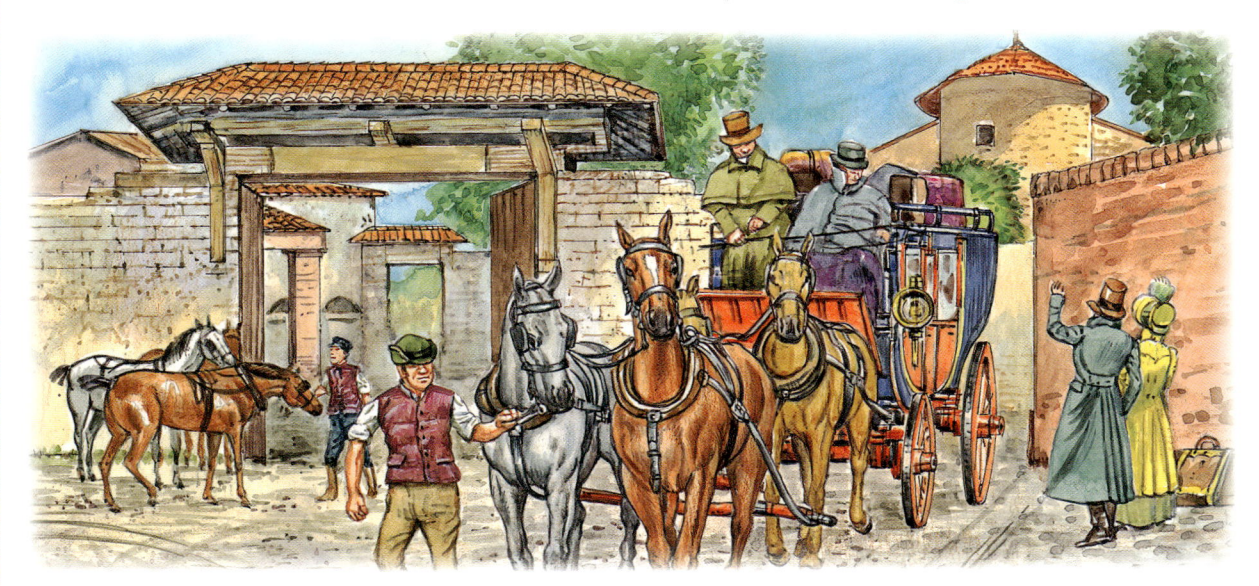

Les relais étaient des endroits où les diligences s'arrêtaient afin que les cochers remplacent les chevaux fatigués par d'autres, bien reposés.

CHEVAL FERMIER, CHEVAL PÊCHEUR

Fermiers et pêcheurs ont longtemps utilisé la force du cheval pour tirer la charrue dans les champs ou les filets dans les vagues.

Ces chevaux tirent une charrue. Des œillères les empêchent de voir sur les côtés. Ainsi, ils marchent droit devant eux. Grâce à leur harnachement, ils tirent avec leurs épaules.

Ces pêcheurs sont montés sur des chevaux lourds qui tirent un filet. Les crevettes prises au piège seront transportées dans les paniers.

AU TRAVAIL AVEC LES BÛCHERONS ET LES MARINIERS

Tirer des troncs d'arbre ou déplacer une péniche, cela demande beaucoup de force ! Ces besognes ne font pas peur aux chevaux de trait.

Débarder, c'est sortir de la forêt les arbres que les bûcherons ont abattus. Dans certaines régions, on emploie toujours les chevaux pour ce travail. Ils passent partout et n'abîment pas les sentiers, comme le font les tracteurs.

Les péniches transportent des marchandises sur les fleuves et les canaux. Autrefois, elles n'avaient pas de moteur.
Les chevaux les tiraient en marchant sur un sentier le long de la rive : le chemin de halage.

AU SOLEIL OU SOUS LA TERRE

Les chevaux ont souvent aidé les hommes à se nourrir et à se chauffer. Ils travaillaient dans des moulins ou dans des mines de charbon.

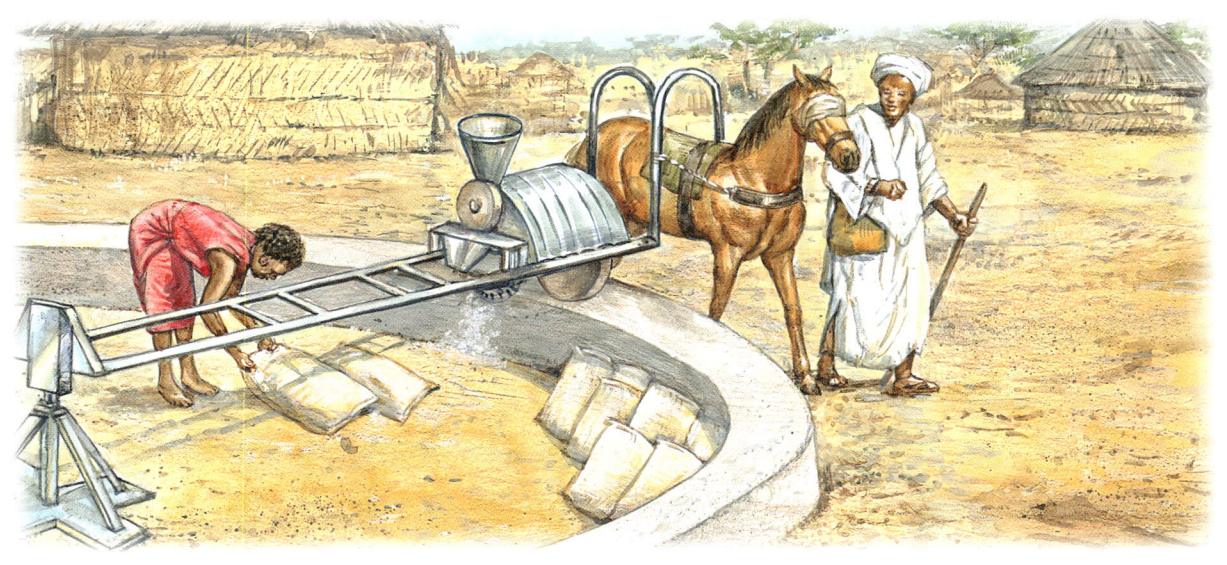

En Afrique, certaines familles utilisent encore un âne ou un cheval pour faire tourner le moulin qui transforme le blé en farine.

Autrefois, les chevaux étaient descendus en ascenseur au fond des mines pour tirer les wagonnets pleins de charbon.
Ils pouvaient y passer des années sans remonter à la surface ! Certains devenaient aveugles.

MONTER EN AMAZONE

À l'époque où les dames ne portaient jamais de pantalon, elles montaient à cheval en plaçant les deux jambes du même côté de la selle.

Les cavalières portaient une jupe ou une robe longue qui cachait leurs jambes et elles utilisaient une selle spéciale. Elles étaient très élégantes.

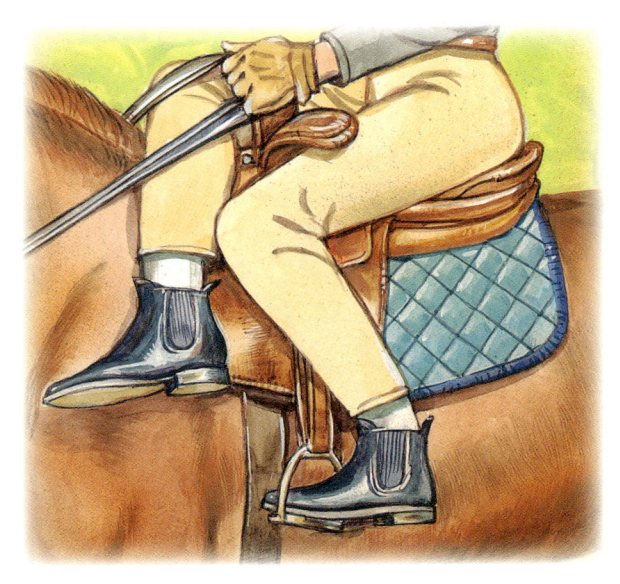

« fourches » ou « cornes »

La selle « à cornes » ou « à fourches » ne comporte qu'un seul étrier, pour le pied gauche. La jambe droite se cale sur la fourche la plus haute.

LA CHASSE À COURRE

Avec leurs chiens, les cavaliers forment un équipage. Ils savent très bien monter et leurs chevaux sont résistants.

Les vrais chasseurs, ce sont les chiens. Leur excellent odorat leur permet de suivre un chevreuil, un renard ou un cerf.

CHEVAUX DE SOLDATS, CHEVAUX DE POLICIERS

Ils doivent faire confiance à leur cavalier dans des situations dangereuses. Ils sont habitués au bruit, à la foule, aux coups de feu…

Autrefois, certains soldats combattaient à cheval. Ils se lançaient au grand galop sur l'ennemi. Depuis l'apparition des chars d'assaut, on ne voit plus de chevaux sur les champs de bataille.

Ce policier canadien fait partie de la police montée.

Du haut de sa monture, ce garde forestier veille sur la nature.

LES CHEVAUX DES INDIENS

Ce sont les Européens qui ont amené des chevaux en Amérique. Des Indiens ont réussi à en voler ou à capturer des chevaux échappés.

Pour déplacer leur campement, certains Indiens attelaient les chevaux à des sortes de traîneaux appelés travois.

Les Indiens chassaient à cheval, c'étaient d'excellents cavaliers. Ils tenaient les rênes entre leurs dents au moment de lancer les flèches.

LES COW-BOYS

Les cow-boys, ces héros de western, sont des gardiens de vaches. Ils parcourent les immenses pâturages de l'Ouest américain.

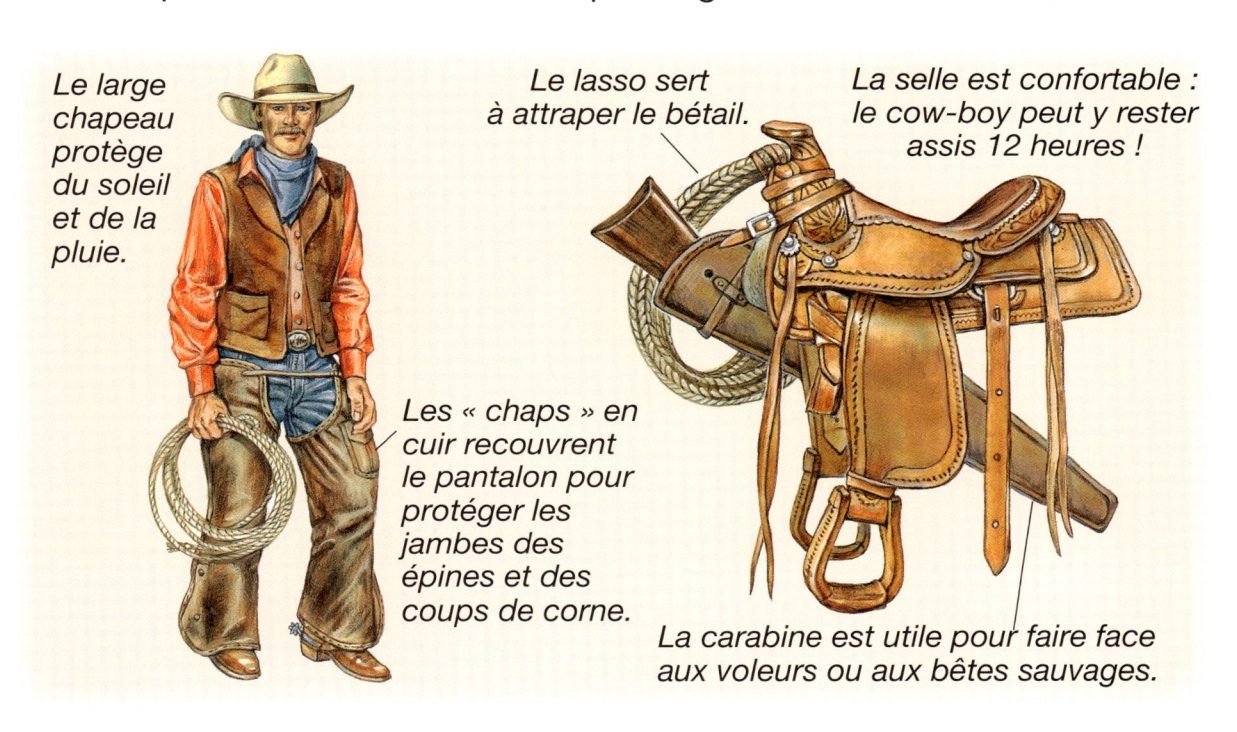

Le large chapeau protège du soleil et de la pluie.

Le lasso sert à attraper le bétail.

La selle est confortable : le cow-boy peut y rester assis 12 heures !

Les « chaps » en cuir recouvrent le pantalon pour protéger les jambes des épines et des coups de corne.

La carabine est utile pour faire face aux voleurs ou aux bêtes sauvages.

Les cow-boys dressent eux-mêmes leurs chevaux. Ils seront leurs compagnons indispensables dans leur travail avec le bétail.

LES CONVOIS DE BÉTAIL

Quand les cow-boys convoient les vaches, ils les conduisent pendant plusieurs jours d'un pâturage à l'autre, ou d'un ranch à l'autre.

Les vaches doivent rester en bonne santé tout au long du voyage. Les hommes veillent à ce que le troupeau ne se disperse pas !

Lorsqu'un veau s'échappe, le cow-boy doit l'attraper au lasso.

Le bétail est marqué au fer rouge et porte ainsi le signe du ranch.

LE RODÉO ET LES JEUX AMÉRICAINS

Lors de ces spectacles appréciés du public américain, les cow-boys et leurs chevaux montrent leurs qualités dans des épreuves difficiles !

Pendant le rodéo, le cow-boy doit rester huit secondes sur un « bronco », un cheval très nerveux qui n'a jamais accepté de porter une selle !

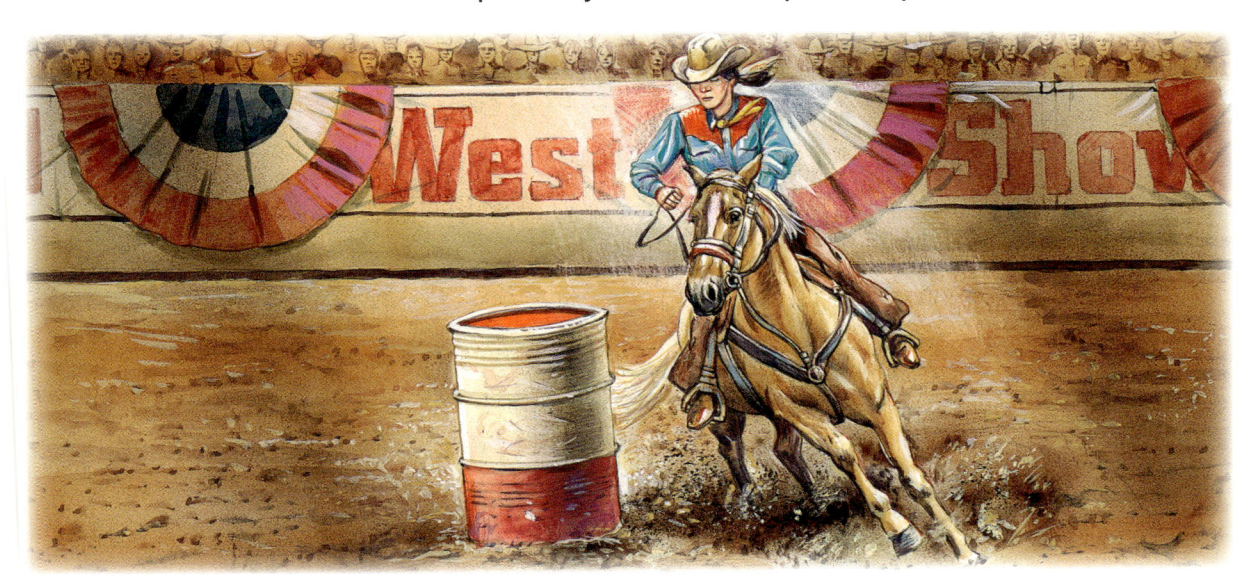

Un jeu célèbre, le « barrel race », consiste à faire tourner son cheval le plus vite possible autour de trois tonneaux.

DES CHEVAUX, DES TAUREAUX ET DES HOMMES

Dans certains pays, les cavaliers aiment organiser des spectacles où ils affrontent des taureaux. Leurs chevaux sont très courageux.

La corrida est un spectacle très apprécié en Espagne. Le taureau, furieux d'avoir été tenu enfermé quelques heures, essaie d'attaquer le torero. Le cheval, souple et rapide, sait éviter les coups de corne quand son cavalier pique des banderilles sur le taureau.

Ces gardians conduisent un groupe de taureaux à travers la ville jusqu'aux arènes. Par jeu, les spectateurs effraient les taureaux pour qu'ils s'écartent les uns des autres et tentent de s'échapper. Les gardians doivent être très attentifs et bien encadrer les animaux.

LES CHEVAUX FONT DU CINÉMA

Les chevaux sont de très bons acteurs. Certains deviennent des stars. Les cascadeurs les dressent à réaliser toutes sortes de prouesses.

Ce cheval apprend à ne pas avoir peur du feu. Il ne risque rien : son corps est protégé par une combinaison qui ne s'enflamme pas.

Tomber au galop sans se blesser demande un long entraînement.

Le cheval fait le mort : il sait qu'il ne doit pas bouger !

DES CHEVAUX ARTISTES

Les chevaux sont dressés pendant de longs mois pour exécuter un numéro de quelques minutes. Ils retiendront longtemps leur rôle.

Les artistes ont été pomponnés avant d'entrer sur la piste du cirque. Au signal du dresseur, ils se cabrent tous en même temps.

Cette fillette et son poney savant ont plus d'un tour dans leur sac !

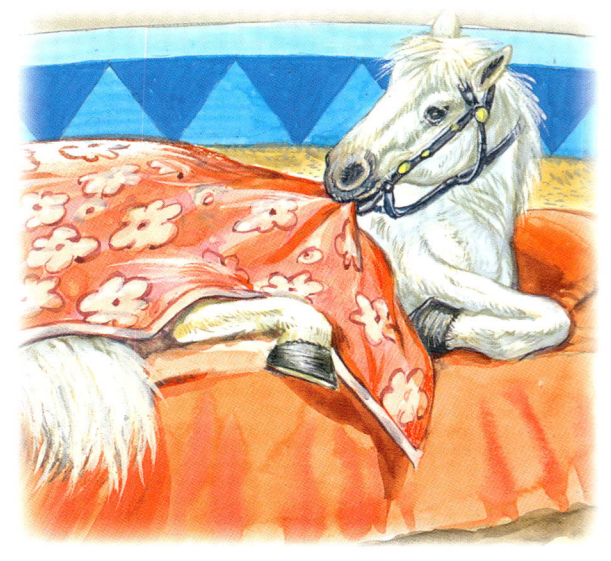

Ce cheval clown se couche dans un vrai lit et tire sa couverture.

NUMÉROS DE VOLTIGE

Voltigeurs et chevaux ont longuement répété ensemble. Ils se font entièrement confiance, la réussite de leur numéro en dépend !

Cette figure de voltige s'inspire de la tactique qu'utilisaient autrefois les guerriers à cheval pour éviter les coups de leurs adversaires.

Voici une figure imposée pour une compétition de voltige en équipe.

Peu de personnes au monde sont capables de réaliser cet exploit !

LE CONCOURS DE SAUT D'OBSTACLES

Les cavaliers doivent franchir des obstacles disposés le long du parcours sans dépasser le temps imposé. Des juges les observent.

Avant le départ, les cavaliers font le parcours à pied et repèrent ce qui pourrait gêner leur cheval. Pour chaque obstacle renversé, les juges enlèvent des points. S'ils ne sont pas franchis dans l'ordre, le cheval et son cavalier sont éliminés. Parfois, le cheval fait un refus : il s'arrête devant la difficulté. S'il passe à côté, c'est une dérobade. Et pour le cavalier, les espoirs de gagner s'envolent !

SUR UN PARCOURS DE CROSS

Les obstacles de cross sont fixes : ils ne tombent pas lorsque le cheval les touche. Si le cavalier et sa monture font une erreur, c'est la chute !

Autrefois, les cross se déroulaient en pleine nature. Les cavaliers traversaient les prés des moutons et sautaient par-dessus les clôtures. De nos jours, l'épreuve a lieu sur un immense parcours avec de nombreux obstacles. Celui-ci s'appelle le parc à moutons.

Le gué d'une rivière, c'est l'endroit où l'on peut traverser à pied sans trop se mouiller. Cet obstacle se nomme le passage du gué. Le cheval ne doit pas avoir peur de sauter dans l'eau et de recevoir des éclaboussures !

LES ÉCOLES DE DRESSAGE

Les plus célèbres sont le Cadre noir de Saumur et l'École espagnole de Vienne. Leurs chevaux et leurs cavaliers sont tous d'excellents élèves.

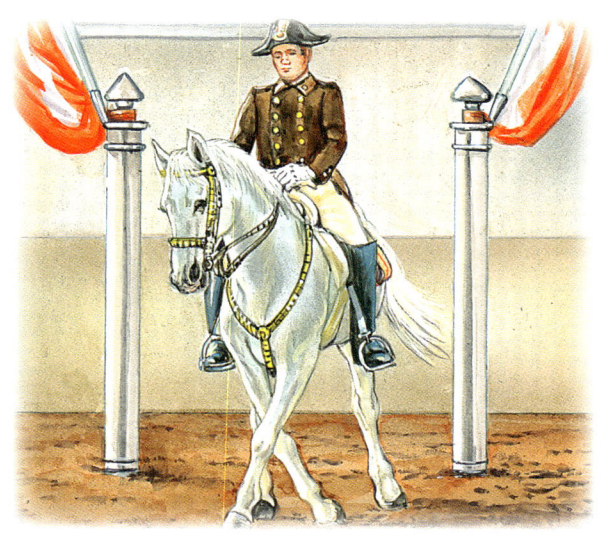

Le cheval « marche en crabe ». Il croise les antérieurs et les postérieurs : c'est l'appuyer.

Le cheval exécute une croupade : il lance ses deux jambes postérieures en l'air.

Cadre noir de Saumur

École espagnole de Vienne

Sur l'ordre du cavalier, le cheval se dresse sur ses postérieurs pour se mettre debout, comme lorsqu'il se cabre : c'est la levade.

L'ATTELAGE

Les chevaux sont toujours attelés à la même place. Quand ils connaissent bien leur rôle, ils peuvent participer à des concours.

Au cours de cette épreuve, les chevaux s'engagent dans un sentier étroit. Ils doivent faire tourner la carriole sans qu'elle touche les arbres. Cela demande beaucoup d'entraînement !

L'homme qui tient les guides a le rôle le plus important. Les autres se penchent du bon côté dans les virages serrés : grâce à leur poids, la carriole reste sur ses quatre roues. Si elle basculait, il faudrait dételer les chevaux. Le concours serait perdu.

DES JEUX D'ÉQUIPE : LE HORSE-BALL ET LE POLO

Les joueurs choisissent des chevaux ou des poneys courageux, capables de faire des démarrages et des demi-tours rapidement.

Au horse-ball, les cavaliers essaient d'envoyer dans les buts de l'adversaire un ballon qu'ils attrapent par ses poignées de cuir.

Les joueurs de polo lancent la balle en bois vers le but avec un maillet. Les chevaux sont remplacés régulièrement pour qu'ils ne s'épuisent pas.

LES COURSES DE PLAT

Sur les hippodromes, les pur-sang font la course. Les parieurs qui arrivent à prévoir l'ordre d'arrivée des chevaux gagnent de l'argent.

Le jockey est vêtu d'une veste appelée casaque et d'un casque garni d'une toque de couleur. Pendant la course, il se penche en avant pour ne pas ralentir sa monture. Les couleurs qu'il porte sont celles du propriétaire du cheval.

Le jockey est pesé avec sa selle : il ne doit pas dépasser 54 kg.

Les portillons s'ouvrent : les chevaux s'élancent au grand galop.

LE STEEPLE-CHASE ET LA COURSE DE TROT

Les pur-sang bons à la course et bons sauteurs participent au steeple-chase. Les courses de trot sont disputées par des trotteurs.

« Steeple-chase » signifie en anglais « course au clocher ». Autrefois, il fallait franchir les obstacles à travers la campagne pour arriver près d'un clocher. Aujourd'hui, sur un champ de courses, le cheval saute par-dessus rivières, buttes et haies.

L'homme qui conduit le cheval s'appelle le driver. Il dirige l'animal avec les guides et peut être éliminé si le cheval se met à galoper. Il est installé sur un sulky, une voiture légère à deux roues.

DES CHEVAUX DE TRAÎNEAU

Le traîneau est posé sur des skis géants, ce qui lui permet de glisser sur la neige. On peut y atteler un ou plusieurs chevaux.

Ce cheval est très fort. Il tire un traîneau sur la glace, encouragé par son maître qui l'a emmené faire un voyage dans le Grand Nord.

La troïka est un attelage de trois chevaux. Le meneur tient bien les guides pour que les chevaux répondent tous les trois en même temps.

DES VACANCES À CHEVAL

En voyageant à cheval, loin des routes, il est possible d'approcher les animaux sauvages, car ceux-ci n'ont pas peur des chevaux.

Pendant le bivouac, les cavaliers mangent et dorment près du feu.

Quand la pente est trop raide, il faut parfois mettre pied à terre.

Cette famille voyage dans une roulotte tirée par un cheval de trait. On peut y préparer la cuisine et y dormir comme dans une caravane.

PAGES INTERACTIVES

Toutes ces pages te permettent de vérifier tes connaissances. Mais en utilisant l'application gratuite sur tablette tactile ou smartphone, elles vont s'animer et tu accéderas à de nombreuses activités interactives et ludiques.

L'imagerie du poney et du cheval

Disponible sur App Store

DISPONIBLE SUR Google play

C'est magique !

VÉRIFIE TES CONNAISSANCES

Reconnais les genres des chevaux représentés, le nom des robes et celui des différentes taches.

GENRES

① ② ③

ROBES

④ ⑤ ⑥

TACHES BLANCHES

⑦ ⑧ ⑨ ⑩

Solutions : 1- Cheval de trait. 2- Cheval de selle. 3- Poney. 4- Pie. 5- Bai. 6- Alezan. 7- Pelote. 8- Liste. 9- Étoile. 10- Balzane.

ON SE PRÉPARE !

Regarde les accessoires présentés en bas de la page et montre avec ton doigt où ils doivent être placés.

PAGE INTERACTIVE

Tapis

Selle

Caveçon

Cravache

Gilet de sécurité

Pantalon

Bombe

Bottes

LES MOUVEMENTS DU CHEVAL

Montre avec ton doigt l'image qui illustre les activités suivantes : le trot, le cheval qui se cabre, le saut, la ruade, le pas et le galop.

1 : le pas – 2 : le trot – 3 : le galop – 4 : le saut – 5 : la ruade – 6 : le cheval se cabre.

PANSE TON PONEY

Décris ce que fait la fillette avec chacun des accessoires de pansage présentés en bas de la page.

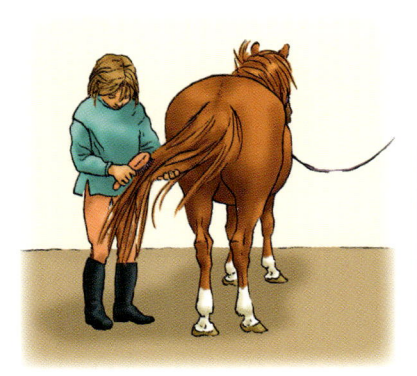

Vérifie tes réponses en allant pages 66/67.

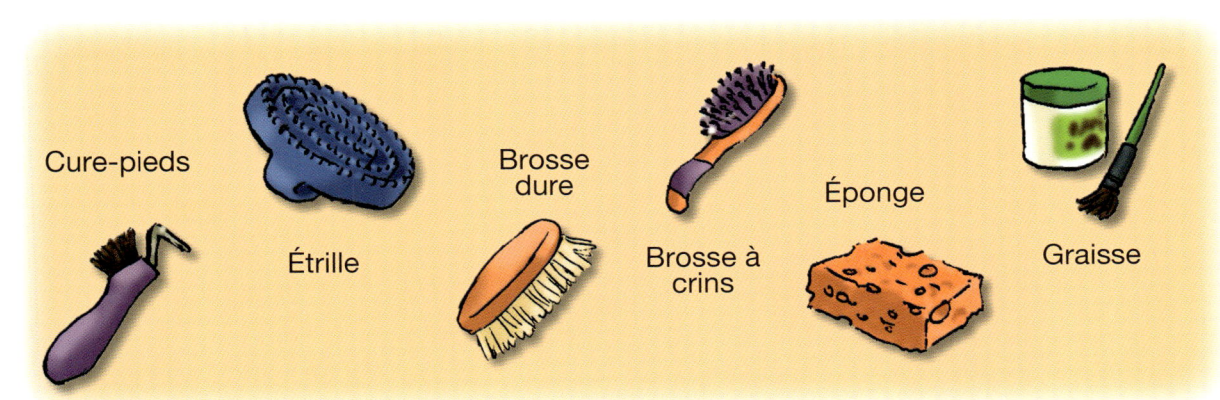

Cure-pieds

Étrille

Brosse dure

Brosse à crins

Éponge

Graisse

LA NOURRITURE DES CHEVAUX AU HARAS

En hiver, les chevaux sont nourris à l'écurie. Parmi les aliments représentés, montre ceux qui sont bons pour eux.

- salade
- sel
- pommes de terre
- foin
- lait
- granulés
- citron

Du foin, des granulés et du sel.

NAISSANCE D'UN POULAIN

Regarde ces images qui illustrent en trois étapes la naissance d'un poulain et essaie de répondre aux questions.

Quand la ponette met au monde son petit, on dit qu'elle met bas ou qu'elle accouche ?

À sa naissance, quelle est la partie du poulain qui sort en premier : les jambes avant ou la tête ?

Combien de temps faut-il au poulain pour qu'il tienne debout : une semaine ou une heure ?

1- Elle met bas. 2- Les jambes. 3- Une heure.

PAGE INTERACTIVE

LE MEILLEUR AMI DE L'HOMME

Décris les images que tu vois et qui illustrent l'utilisation du cheval autrefois et maintenant.

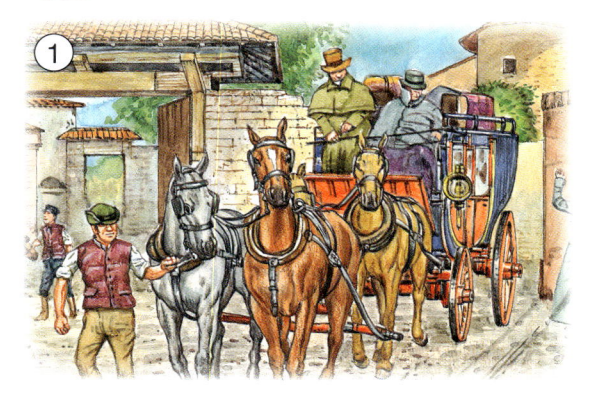

1- Transport, 2- Agriculture, 3- Chasse à courre, 4- Militaire, 5- Course, 6- Équitation.

ÊTRE L'AMI D'UN PONEY

As-tu déjà été l'ami d'un poney ou est-ce ton rêve de le devenir ? Comment aimerais-tu appeler ton poney et comment l'imagines-tu ?

PAGE INTERACTIVE

JEU DES DIFFÉRENCES

Observe bien ces deux dessins et retrouve les 7 différences qu'il y a entre l'image du haut et celle du bas.

MDS : 237365N2
ISBN : 978-2-215-14514-1
© FLEURUS ÉDITIONS, 2016
Dépôt légal à la date de parution.
Conforme à la loi n° 49-956 du 16 juillet 1949
sur les publications destinées à la jeunesse.
Imprimé en Italie (09/16).

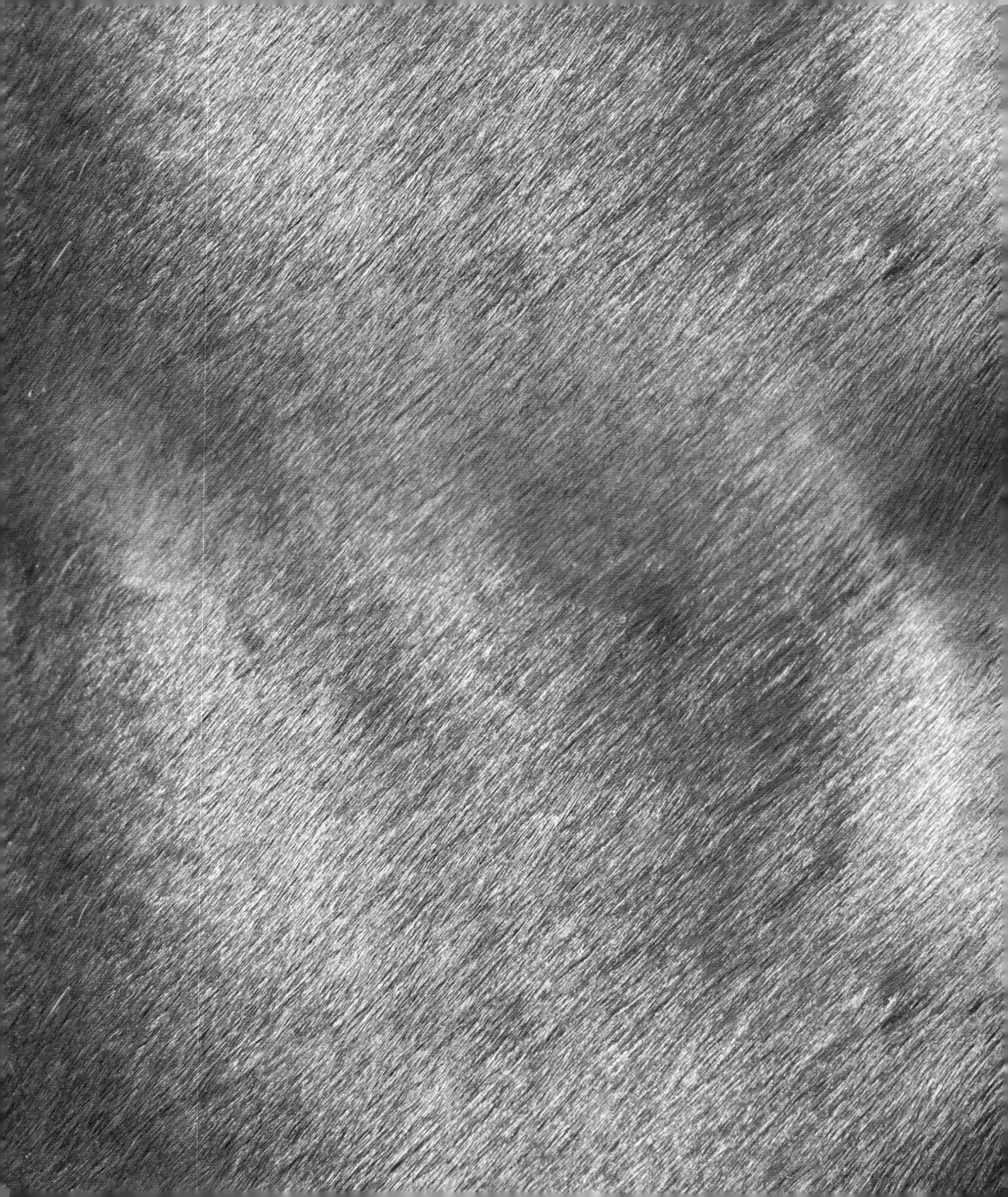